L'HOMME ET LE RACISME

Être Responsable de Vos Actions et Omissions

BEN WOOD JOHNSON

TESKO

TESKO PUBLISHING
Pennsylvanie

TESKO PUBLISHING
Middletown, Pennsylvanie

TESKO PUBLISHING, division de My Eduka Solutions et BWEC, LLC.

330 W. Main St., Unit 214, Middletown, PA Zip : 17057

Si vous souhaitez en savoir plus sur Tesko Publishing, veuillez contacter My Eduka Solutions à l'adresse suivante :

Adresse : 330 W. Main St., Unit 214, Middletown, PA Zip : 17057

ISBN -13 : 978-1-948600-04-0
ISBN-10 : 1-948600-04-8

Format : Livre de poche (Paperback)
Disponible aussi en livre électronique format

Première publication imprimée en avril 2019
Imprimé aux États-Unis

Pour Alexandra Polo

TABLE DES MATIÈRES

v

TABLE DES MATIÈRES

PRÉAMBULE

CE LIVRE EST UNE tangente analytique du texte titré *Le Racisme : C'est quoi ?* C'est aussi une continuité de certaines idées que j'ai fait écho dans d'autres endroits littéraires, incluant dans des prises audio et vidéo. Bien que cet ouvrage soit une légende inachevée du phénomène discriminatoire connu sur le nom du *racisme*, c'est manifestement une réflexion assez profonde comme ça à propos du sujet.

Le racisme est un état dépressif pour l'individu qui en expérimente. C'est une réalité décolorante pour la société. C'est vraiment un état destructif pour la race humaine.

Bien que choquant que cela puisse vous paraitre, le racisme est célébré dans certains endroits. Mais cette réalité est souvent fardée. Une telle attitude peut s'exhiber sur plusieurs formes.

En général, le racisme est assimilé au patriotisme. Ceux qui aiment leur pays d'une manière peu salutaire, ou du moins ceux qui ont tendance à exprimer cet amour d'une façon peu saine ont aussi tendance à exhiber un comportement raciste à l'égard de ceux-là qu'ils considèrent comme une menace pour leur patrimoine. Pour ces gens-là, le racisme, ou la discrimination raciale est un fait normal.

On a tendance à légaliser le racisme. Des attitudes similaires sont souvent dissimulées à travers des lois ou leur application. Le racisme est aussi perpétré au nom de la justice. Il est souvent fermenté au nom de la paix ou pour le respect des lois en vigueur.

Le racisme est un secret de polichinelle. Tout le monde le sait. Pourtant, personne n'en parle vraiment. L'existence de ce fléau est malaisément réfutée, et ceci même pendant son apogée. Cela contribue aussi au dévergondage du milieu social.

Celui qui est victimaire du racisme, surtout quand c'est le racisme systémique [1], n'a souvent pas le droit à la justice. Le racisme n'est pas un crime. Pour ainsi dire, il ne peut pas avoir de rétributions juridiques ou autres, car il n'y a pas eu de crime. La victime est souvent livrée à elle-même.

Le racisme est un sujet complexe. Je ne vais pas examiner la matière à fond dans ce livre. Si vous voulez savoir un peu plus sur mon point de vue à propos du racisme, je vous recommande de voir mes autres travaux dans ce domaine. Je vous conseille aussi de lire le texte mentionné au départ.

Pendant la période de révision et de correction dudit ouvrage, j'avais eu d'autres

---

[1] J'invoque le terme « Racisme systémique » pour illustrer le racisme collectif. Ce genre de racisme est souvent cautionné aux plus hautes instances de la société. Ce genre de racisme est endémique et souvent irréprochable.

idées en ce qui concerne le développement de ce problème. Je ne pouvais point les incorporer dans le manuscrit. J'avais décidé de préparer un autre texte pour pâlir ses idées dans leurs propres contextes.

Ce compagnon littéraire est très bref. Toutefois, il est complémentaire à l'ouvrage susmentionné. Il est composé de seize chapitres, dont une section introductrice et une conclusion. Les chapitres sont relativement courts.

Épier le racisme n'est pas aussi facile que vous puissiez l'imaginer. C'est un sujet assez amphigourique comme ça. Les points de vue sont assez controuvés comme ça. Déchiffrer ce qu'est le racisme demeure une entreprise intellectuelle controversée. Dans ce livre, cependant, je voudrais avancer le débat dans une nouvelle direction.

J'offre une approche moins mécanique pour aborder le concept. On peut comprendre le racisme tout en examinant le milieu naturel. Ce fléau est émané de la nature elle-même. Mais le milieu social l'a amplement exacerbé.

L'HOMME ET LE RACISME

Je propose d'examiner le sujet tout en réfléchissant sur la potentialité de l'homme dans la nature. Le racisme fait partie de l'homo sapiens. Mais un manque de civilité et un laxisme de convivialité dans le milieu social foisonnent ce fléau à un point où il devient antithétique à la nature de l'homme.

Je vais énoncer en faveur d'une meilleure approche pour comprendre la réalité de l'homo sapiens. Je vais pointer du doigt la conjoncture abstruse de l'homme dans son milieu. C'est un milieu chaotique et souvent dominé par le racisme.

Le racisme est le résultat d'un *laisser-faire* dans le milieu social. Mais ce milieu engendre ce fléau à travers des machines institutionnelles. Le racisme prend aussi pied par le biais des instruments psychiques ou même psychologiques.

Le racisme est imprégnant à travers des outils sociaux. Ces procédés sont à caractères ségrégationnistes. Le racisme engendre aussi l'exclusion des classes et des races. Dans certains endroits, c'est ça le racisme.

Bien que j'aille déceler le sujet à cœur ouvert, prenez acte de ce texte. Je vous exhorte aussi à être très réceptif en lisant ces pages. De toutes les façons, je vous encourage à lire cette épigramme avec enthousiasme.

Bonne Lecture !
Ben Wood Johnson, Ph.D.
Le 8 juillet 2018
Pennsylvanie/USA

PRÉAMBULE

INTRODUCTION

LES HOMMES NE SONT pas parfaits. L'une des anomalies chez l'homo sapiens c'est la haine de soi. Cette haine, j'argumenterais, est souvent le résultat de la peur de soi. La peur, j'affirmerais aussi, est la canalisatrice du racisme. Le racisme, à son tour, engendre le dédain, l'infamie, l'angoisse, l'indécence, l'impudicité, l'immoralité et la méchanceté chez l'homme.

Le racisme est un sujet largement débattu. Mais si vous me demandiez de déchiffrer le concept, je ne saurais quoi vous répondre. Bien sûr, j'essaierais de barbier quelques mots ici et

1

là. Je suis néanmoins certain que mon approche serait amplement contestée.

Évoquer le terme « *Racisme* » dans ce texte n'est pas une métaphore pour éclaircir une réalité incompréhensible. Le racisme existe ; il est bel et bien réel. C'est un problème global. Ce fléau est un cancer pour la race humaine.

J'enchaine une approche assez différente comme ça pour interpréter ce qu'est le racisme. Cela dit, je ne propose pas de déchiffrer ce qui pourrait expliquer la montée de ce phénomène dans le monde. Je ne vais pas discuter l'origine du racisme à fond. Je ne vais pas étudier les creux du sujet dans cette diatribe.

À travers ce titre quand même, je voudrais vous intimer avec le concept. Je voudrais aussi vous faire part de mon approche à propos du sujet. Mais je vais le faire à partir d'une lentille naturaliste.

En dépit de cette concession, je ne m'engage pas à déceler l'origine du racisme en soi dans cet ouvrage. Ceci étant dit, je vais œuvrer d'arrachepied pour relater les effets ou les méfaits de cette réalité. Je vais examiner le racisme en contexte. Je vais m'interposer pour explorer l'ampleur du problème tout en réfléchissant sur ces causes naturelles.

Cet opus relie un récit assez limité comme ça concernant le racisme. Je compte examiner le sujet avec un esprit indiscret. Sans être trop hardi, je compte faire de cet ouvrage un témoignage assez pertinent comme ça en la matière. Ce livre a une place dans l'espace littéraire.

Ce titre n'introduit pas une formule magique pour comprendre le racisme dans sa complexité. Il n'explore pas le concept au-delà des spéculations et des suppositions. Ce livre est à caractère philosophique.

Cette marque intellectuelle est le produit de mes réflexions les plus intimes. C'est aussi le reflet de mes appréhensions les plus indépendantes à propos du sujet. Cela dit, ne vous laissez pas séduire par une quelconque apparence d'une objectivité.

Les points de vue que je vais intimer dans cet ouvrage découlent de mon vécu. Quand je parle du racisme, je réfléchis tour à tour sur mon propre état de misère. Garder aussi à l'esprit que je murmure ma réalité dans un environnement social qui ne m'est pas familier. Disons de préférence que c'est un environnement qui n'est pas le mien.

Certains diraient que la rédaction de ce livre est une poursuite fictive de ma part. Ça vaut le coup, je riposterais. Mais j'ose espérer que vous allez me rejoindre dans cette démarche intellectuelle peu éblouissante concernant la réalité de l'homo sapiens dans son monde.

Tout ceci c'est pour vous avouer que les réflexions dont j'entends revoir dans ce livre sont authentiques. C'est pour vous rappeler aussi que les idées dont je vais noter dans ce livret sont subjectives. Sans plus tarder, entamons ce débat tant annoncé.

CHAPITRE I

COMPRENDRE LE RACISME

Comment comprendre le racisme ? Ça, c'est une question intrigante. Je ne propose pas de donner une réponse à celle-ci d'une manière profonde dans ce petit livre. Cette question est une énigme intellectuelle pour beaucoup de gens. Je ne suis pas la règle ; je ne suis pas l'exception. Essayons d'élucider cette notion à fond.

La réalité c'est qu'il n'y a pas de réponse concordante pour déceler la portée du mot. C'est ainsi, et ceci dans le sens le plus simpliste. Mais essayons d'appréhender le concept avec un esprit non perverti.

CHAPITRE 1

Je ne vais pas pouvoir élucider l'essence du mot racisme. J'ai un point de vue assez chargé comme ça. Je ne saurais dénuer le terme d'une façon objective. Je ne saurais étaler le concept d'une façon empirique ou autre.

Bien que mes démarches soient un peu biaisées, je confierais à tous crins que les causes du racisme sont légion. Les effets ou les méfaits de cette maladie sont incurables. Mais ce n'est pas mon but d'explorer le sujet à fond dans ce livre. Je ne cherche pas à parler de ce mal à ce degré.

Le racisme est croissant dans le monde. C'est un fléau destructeur pour la race humaine. Mais c'est aussi une source de tourmente chez l'homme.

De même acabit, le racisme est une conjoncture assez accablante sur un point de vue émotionnel. C'est une notion assez choquante comme ça. Le concept est assez controversé comme ça.

Comment examiner ce fléau sans pour autant s'embarquer dans une ingérence intellectuelle ? Comment rester neutre dans le débat ? À vrai dire, il n'y a pas divers moyens de le faire.

On pourrait aborder la problématique du racisme sur deux angles. On pourrait explorer le terme sur un point de vue naturel. On pourrait aussi aborder ce fléau dans un sens pratique. Mais pourquoi pas les deux, certains me demanderaient ? C'est précisément ce que je propose ici.

Le racisme est a priori un problème qui inclut des effets psychologiques. Ce fléau découle des retombés psychiques et même mentaux. Mais les effets les plus néfastes de ce phénomène sont sociologiques en nature. Je vais examiner le racisme notamment sur un plan social.

UN PROBLÈME SOCIAL

Le racisme est un problème social. La société fermente l'occurrence de ce phénomène à plein temps. En déclarant cela, je n'insinue pas que le milieu social ait en quelque sorte inventé le racisme.

CHAPITRE 1

Je dirais tout de même que la société facilite l'épanouissement de ce fléau. Le milieu social crée des mécanismes qui rendent possible l'avènement de cette calamité d'une façon envahissante. Ces mécanismes sont conçus expressément pour déshumaniser ceux-là dont certains dans un environnement quelconque perçoivent comme des déshérités.

Le racisme est une réalité naturelle. On n'apprend pas à devenir un raciste. On a le racisme dans le sang. En ce sens, il y a un aspect inhérent dans ce comportement chez l'homme. Je dirais aussi qu'il y a un aspect utilitaire à propos du racisme.

Il nous convient parfois d'être raciste. Des fois, on n'y peut rien pour cacher nos sentiments indécents. On devient souvent l'otage de notre nature.

Le racisme est souvent de mise, et ceci sous une forme ou une autre, dans le milieu naturel. La séparation des espèces est parfois nécessaire pour le bien-être de la nature. Dans la nature, la discrimination entre des groupes ou entre des espèces est vitale pour la survie d'une espèce.

La nature n'existe que pour soi. La nature est égoïste. Elle est égocentrique. Elle est toujours affamée. Elle est apathique. Elle est hédoniste. La capacité de percevoir une distinction entre un chien, entre un loup ou entre un renard pourrait augmenter la chance de survie d'un lapin ou d'une brebis.

Dans le milieu naturel, la discrimination n'est pas toujours inter espèces. Par contre, dans le milieu social, toutes formes de désagrégations, toutes formes d'exclusions (surtout sur le plan social), toutes sortes de mépris, toutes formes de scissions, toutes formes de violences, et ceci que ces divisions soient physiques ou autres, sont quasi exclusivement intra espèce ou interne. Quand on parle du racisme sur un point de vue humain, on assimile une délinéation ethnique ou une distinction physique entre les hommes.

Le racisme est une forme de ségrégation. Mais celle-ci est surnaturelle ; elle n'est pas inhérente.

CHAPITRE 1

Ordinairement, l'individu ressent un dégout ardent pour son homologue. Cette répugnance se manifeste souvent à travers les actions et les omissions de ce dernier. J'avouerais sans ambages aussi que le racisme est beaucoup plus compliqué que cela.

Bien que la race humaine soit homogène en nature, les hommes se voient différents, et ceci à partir de leurs apparences physiques. La couleur de la peau d'un individu, quelquefois, le dissocie de la réalité de sa race. Une personne peut perdre son humanité pour le simple fait d'avoir un épiderme que d'autres considèrent un état d'être inférieur.

Être une personne de couleur peut constituer un handicap pour la survie de l'individu à long terme. L'individu en question peut se voir châtier du milieu. Il peut devenir le bouc émissaire de tout ce qu'il y a de mauvais dans l'environnement. C'est l'essence du racisme dans certains cas ou dans certains milieux.

L'HÉTÉROGÉNÉITÉ DE L'HOMME

Les hommes se différencient entre soient. Selon eux, la race humaine est multiforme. De ce point de vue, notamment erroné si j'ose l'exclamé ici, l'homo sapiens est hétérogène. Il y a la race blanche, il y a la race rouge, il y a la race noire, il y a la race jaune et parmi d'autres. Cette délimitation ou cette délinéation ethnique permet au racisme de prendre pied.

Revoyons la nature du racisme dans les prochains chapitres. Examinons l'aspect séminal de ce fléau. Faisons-le d'une manière distinctive. Abondons le sujet avec un esprit inclusif. Nous devons scruter la problématique du racisme sur un point de vue non satirique.

Dans le cas échéant, dénombrons les méfaits de ce mal incurable. Faisons-le aussi dans une atmosphère cléricale. Abondons le sujet avec cautèle. Tenons en compte que c'est une matière controversée. Tenons en compte aussi que nous ne pouvons analyser ce concept qu'à partir d'une lentille subjective.

CHAPITRE 1

Comme déjà mentionné (voir préambule), ce manuscrit n'est pas exhaustif. Il n'est pas empirique. Il n'est pas rédigé à partir d'une lentille conventionnelle. Il n'est pas rédigé à partir d'une lentille conformiste.

Je catégoriserais ce livre comme une collection d'essais philosophiques cherchant à débattre les causes les plus apparentes du racisme chez l'homme. C'est un libellé de mes pensées. D'ores et déjà, je vous exhorte de tenir compte de ses limitations en naviguant le texte.

Dès le premier ton, rentrons d'emblée ou insérons-nous à plein seau dans le débat. Examinons les tentacules du racisme. Déchiffrons le rôle de la nature dans la formulation de cette catastrophe à caractère humanistique. Revoyons l'impulsion du milieu naturel dans l'expansion du racisme. Essayons de comprendre le rôle de l'homo sapiens dans le bouillonnement de ses propres malheurs.

Rejeter Les Fautes

CHAPITRE II

DÉFINIR LE RACISME

LE RACISME C'EST quoi ? Ça, c'est une question que j'ai essayé de déceler dans le livre du même nom.[2] Malgré cela, je ne suis pas sûr à avoir discuté cette question avec succès. Je ne suis pas certain d'avoir exploré le sujet de fond en comble dans l'ouvrage susdit.

La réalité c'est que parler du racisme n'est pas aussi simple que cela. Comme illustrer préalablement, c'est une notion assez compliquée comme ça. Mais il y a un peu

---

[2] Voir le tire par Ben Wood Johnson, *Racism: What is it?*, 1 édition (Tesko Publishing, 2018).

d'hypocrisie dans la façon dont les gens tendent à discuter le concept. Examinons le débat un tout petit peu plus loin.

RÉFUTER LES AUTRES

Alors que certaines personnes admettraient à cœur ouvert que le racisme est vivant dans leur milieu, ces gens-là ont souvent tendance à se soustraire de la formule sociale qui rend possible cette calamité en premier lieu. Beaucoup d'entre eux pensent que la plupart des gens, surtout ceux-là qui sont d'origines européennes, sont des racistes, sauf eux-mêmes. Mais c'est une façon équivoque d'appréhender le terme dans son sens le plus pratique. C'est une manière pervertie d'examiner le terme racisme, et ceci dans son sens le plus analytique. Dans ce titre, je refuse d'aborder le sujet dans ce sens-là.

D'autres personnes simplement nieraient qu'il existe un tel phénomène dans leur communauté. Certains nieraient qu'il existe une telle réalité tout court. Ces gens-là mettraient en relief tous ceux qui crient attention, ça, c'est du racisme !

J'admets que le racisme est difficile à appréhender. Je ne pourrais pas l'expliquer rien qu'en pointant du doigt les méfaits de ce phénomène. Néanmoins, il y a ceux-là qui défendraient le racisme à corps et âme. Et alors, la désobligeance de l'homo sapiens envers soi-même est l'une des causes profondes du racisme.

L'un des facteurs les plus fondamentaux qui pourraient élucider l'accroissement du racisme c'est la haine. Mais la haine engendre la peur. La peur, à son tour, nécessite de la séparation entre les groupes et les catégories sociales. Cette peur s'alimente du dédain que l'un palpe pour l'autre.

La peur et la haine engendrent le déséquilibre social. Cette instabilité, j'argumenterais, fait souvent place au racisme. C'est ça le danger. C'est aussi une conjoncture identique qui favorise la décadence raciale dans un milieu.

Une telle réalité dans un milieu social quelconque facilite la fermentation du racisme. Est-ce que cela suffit pour discerner ce qu'est le racisme ? Je dirais que non.

Je tergiverserais que la décrépitude sociale qui facilite l'épanouissement du racisme est téléguidée. Toute société en déchéance est vouée au racisme. C'est cela qu'on doit comprendre quand on parle du racisme. On doit concevoir le genre de malaise social qui facilite le racisme. C'est seulement à partir de là qu'on peut comprendre le racisme.

Le racisme n'est pas tout à fait un fait isolé. Ce n'est pas un fait insolite non plus. Il faut qu'il y ait un mécanisme social qui le facilite ou qui le fermente. Le racisme, dans son élan le plus fulgurant, est d'abord un « *problème social* ».

Puisque l'homo sapiens est prédisposé à la haine de soi, le racisme devient un mécanisme qui rend tout possible. Quelquefois, le racisme devient une justification pour la haine et le dédain que l'individu nourrit en soi. De temps à autre, le racisme devient un mécanisme de défense.

L'accroissement de ce fléau dans le milieu social fait place à une conjecture inéluctable et parfois même insupportable. Cette dernière, à son tour, engendre la ségrégation et la disparité, et ceci sur un fondement ethnique ou autre. Comme conséquence, la discrimination raciale devient un effet palpable du racisme. Le racisme, à son tour, devient un effet inévitable de la peur et de la haine qui caractérisent le milieu social.

Vous allez surement me demander pourquoi le racisme est un fait inéluctable même dans des milieux homogènes.[3] Je vous dirais que c'est parce que le racisme n'est pas nécessairement une question de race. Le racisme est a priori un problème humain. Dans le livre mentionné auparavant (*Le Racisme :*

---

[3] Ici, je me réfère aux milieux où les différences ethniques ou physiques sont peu ou insignifiantes.

C'est quoi)[4], j'ai argumenté que ce fléau est une affaire d'homme.

L'homme est raciste de nature. C'est une réalité que l'être humain sait très bien. Néanmoins, la société fermente le racisme. C'est pourquoi on a tendance à se fustiger les uns les autres.

On a tendance à se rejeter les fautes, car on ne peut que se culpabiliser. Ainsi, on succombe à la haine. On s'abdique à celui-ci parfois même sans que l'on se rende compte. On devient un raciste sans remords ou sans aucune arrière-pensée. On justifie ses agissements sans se rendre compte qu'on fait partie du problème et pas vraiment de la solution.

FUSTIGER LES AUTRES

Il y a un autre aspect du racisme qu'il faut expliquer en profondeur avant d'aller plus loin

---

[4] Ben Wood Johnson, *Racism: What is it?*, 1 édition (Tesko Publishing, 2018).

dans ce livre. Même quand le racisme est un phénomène réel (autrement fatal), il y a une certaine réticence pour le dénoncer, et ceci malgré sa sévérité ou sa nocivité. On a une tendance à désavouer le racisme, en dépit du fait que son occurrence soit palpable. On défend les racistes même quand ils sont indéfendables.

Pourquoi est-ce le cas, vous pourriez me demander. Je ne le sais pas. Pourquoi on a une prédisposition à nier le racisme, certains exclameraient ? Vraiment, je ne saurais quoi vous répondre. Il y a quand même une ironie à pointer du doigt dans le débat.

Même quand on admet qu'il y a un problème dans une société et le racisme y est ligué, d'une façon ou d'une autre, on a tendance à fustiger la victime. On a tendance à se rejeter les fautes. On blâme souvent la victime pour son malheur. Dans l'entremise, on fustige cette dernière sans répit et sans pitié. C'est ça la réalité du racisme dans certains milieux.

L'acceptation du racisme, sous une forme ou sous une autre, contribue au dévergondage du milieu social. Quand cela arrive, les tissus sociaux ne sont plus opérants. Les gens à propension raciste s'imbibent dans l'apathie et dans la pendaison collective.

Dans un milieu où le racisme fait rage, les gens s'engagent à fermenter l'extermination sociale. Le racisme pourrait devenir un fait incontournable pour certains. Il pourrait devenir une réalité impitoyable pour d'autres. Le milieu social pourrait devenir une jungle. Mais ce serait une jungle civilisée. Tous les coups contrent les gens à la peau colorée seraient permis.

Il y a aussi ceux-là qui mettraient en question toute idée que le racisme soit un problème sérieux dans leur banlieue. Ils pourraient remettre en question la crédibilité de tous ceux qui exclament avoir été victimaires du racisme. Ils pourraient mettre en doute la véracité des dires de tous ceux qui clayonnent avoir vécu cette situation sous une forme ou sous une autre.

On aura tendance à vilipender la victime. Quand cette dernière saurait galvaniser assez de courage pour se défendre contre les agressions du milieu social, elle serait châtiée du milieu. La victime pourrait perdre un emploi. Elle pourrait devenir la risée du milieu. Elle pourrait perdre sa dignité. Elle pourrait perdre sa liberté ou même sa vie.

Quelquefois, la violence contre soi ou contre les autres serait de mise. D'autres fois, la désinvolture serait le seul remède que la victime puisse considérer pour alléger la douleur qui grandit dans son cœur à cause du racisme. De temps en temps, la victime devrait s'immoler elle-même pour éviter un présent fatidique ou pour échapper même une destinée funeste.

La victime devrait aussi accepter sa réalité. Elle devrait avaler une pilule grisante pour oublier ses maux, pour surmonter sa souffrance ou pour ignorer ses cicatrices. Mais dans la plus hypothétique des cas, la victime ne pourrait rien faire pour alléger sa douleur.

En dépit de cette réalité, il y aurait ceux-là qui minimiseraient les creux qui s'épient dans l'âme de l'autre. Il y aurait ceux-là qui ne feraient rien pour apaiser les pépins qui piquent les entrailles de la victime. Il y aurait ceux-là qui nieraient la fissure qui déchire un peu plus le cœur de la victime. Il y aurait ceux-là qui enfonceraient un peu plus dans le fond le javelot qui épingle d'une douleur insupportable le cœur de la victime. Il y aurait ceux-là qui feraient de leur mieux pour disculper les maux qu'ils infligent à l'autre. Il y aurait ceux-là qui justifieraient la misère de l'autre avec un ver biblique ou avec un passage prophétique. De leur point de vue, et ceci sans égard à la réalité de l'autre ou au mépris des vicissitudes que l'autre traverse dans la vie, le malheur de ce dernier serait causée par tous et de tous, sauf le racisme. Je ne suis pas d'un point de vue conforme. Je suis une victime du racisme. De ce fait, je ne saurais minimiser cette réalité comme une trivialité.

Je ne peux pas faire référence au nombre de fois quand j'ai entendu des gens réprimander d'autres personnes pour être la cause de leur propre état de misère. Je ne me rappelle point le nombre de fois quand j'ai vu une personne être victimaire pour être une victime. C'est équerrant.

Les gens ont souvent tendance à se sentir mieux placer pour fustiger les autres. Ils se placent sur un piédestal. Ils se considèrent comme des gens distingués, surtout sur le point de vue moral. Ils se sentent dans un état de primauté vertueuse sur ceux qui souffrent.

Ils disent :

« Vous devez prendre le contrôle de votre vie. Vous devez assumer votre responsabilité. Vous devez être le seul responsable de vos actions, et ceci que votre réalité soit bonne ou mauvaise ».

Ils disent aussi :

« Vous ne devez pas blâmer les autres pour votre propre malheur ».

Tout ça, c'est de la foutaise. Tout ça, c'est de la pagaille cérébrale. Avant de me réfuter, laissez-moi vous expliquer pourquoi je dis ça.

CHAPITRE 2

CHAPITRE III

BLÂMER LA VICTIME

QUAND IL S'AGIT des méfaits de la société, on blâme souvent la victime. On la blâme pour avoir accepté sa réalité. On la blâme aussi quand cette dernière refuse d'accepter sa réalité. Quelque part, dit-on, la victime est toujours en faute pour ses fautes.

À en croire un préjugé commun, la victime a toujours le dernier mot dans ses maux. Elle a le pouvoir de se restreindre, dit-on. Pourtant, quand elle ne parvient pas à s'ajuster dans son milieu, la victime est intransigeante, dit-on aussi.

Quand la victime n'accepte pas sa réalité, elle est animée de mauvaises fois, dit-on.

Quand cette dernière cherche à se libérer de sa réalité, elle est mortifiée. Ainsi, la victime ne peut que s'abandonner.

Quelle est la réalité de l'homme dans le monde ? Je ne peux pas m'exprimer dans le même sens que les autres. Ma réalité n'est pas nécessairement similaire à celle dont les autres ont expérimenté.

La réalité de l'homme en soi est beaucoup plus compliquée qu'on puisse l'imaginer. Est-ce que cela signifie qu'une victime n'est jamais en faute ? Je ne le dirais pas ainsi. Mais si l'on devait culpabiliser une victime, à quel degré devrions-nous la calomnier pour ses propres malheurs ? Je ne saurais quoi vous répondre.

Beaucoup de gens témoignent, et ceci passionnément parfois, que la victime est la seule responsable de ses malheurs. Pourquoi ces gens-là perçoivent le monde de l'autre sur cet angle ? C'est peut-être parce que la victime, dit-on, est libre et jouit d'une liberté inégalée. Mais c'est aussi une vue timorée de la réalité de l'homme.

Si je devais me référer aux allocutions sartriennes, j'exclamerais sans réserve que la victime est non seulement libre, elle est toujours en liberté. Ce qui impliquerait que la victime a toujours un choix.[5] Mais ce serait une fausseté mandarine indéfendable de ma part si j'abordais le concept de liberté sur cet angle. Je refuse de côtoyer la question de responsabilité individuelle à partir d'une telle approche.

Je ne conçois pas la liberté comme étant un choix. Elle n'est pas un état d'être inéluctable. Elle n'est pas fatidique.

Être libre dans son monde (ou être libre dans le monde tout court) c'est l'essence de l'approche existentialiste. Le fondamental des idées prônées par Jean-Paul Sartre lui-même se repose sur la notion d'une prétendue liberté individuelle.[6] Mais cette vue de l'homo sapiens est peu vraie.

---

[5] Ici, je veux parler de l'approche existentialiste.

[6] Jean-Paul Sartre est un fameux philosophe sur la question de l'ontologie humaine. Voir son titre populaire sur le sujet. Jean-Paul Sartre, *Being and*

Le point de vue sartrien stipule que la liberté est un état intrinsèque chez l'homme. On dit aussi que l'homme est toujours en quête de sa liberté. Par conséquent, l'homme est libre au départ. Ou du moins, il doit constamment œuvrer pour sa liberté, même après l'avoir perdu. Mais ce n'est pas vrai du tout. Cette vue de la réalité de l'homme, je dirais sans ambages, dénote une aberration chromosomique.

Une liberté, une fois acquise, dit-on, doit être renchérie à tout prix. À cause de cette liberté, dit-on aussi, l'homme est toujours responsable de ses actions et de ses omissions. Je suis plutôt d'un avis contraire. Laissez-moi corroborer cette approche un peu plus loin.

Nothingness, trans. Hazel E. Barnes, Reprint edition (New York: Washington Square Press, 1993); J. P. Sartre, *L'être et le néant : Essai d'ontologie phénoménologique* (Paris: Gallimard French, 1976). Voir aussi Johnson, *Jean-Paul Sartre and Morality*.

L'HOMME ET SA NATURE

Reconnaissons tout d'abord que l'homme est un élément de la nature. Ce qui signifie que l'homme est borné dans le milieu naturel. Cela dit, l'homme n'est enseveli existentiellement que dans la nature. De la sorte, toutes formes de restrictions n'émanant pas directement de la nature elle-même sont exogènes à la nature de l'homme dans le milieu naturel.

En dehors des délimitations naturelles, l'homme nourrit un esprit débridé dans la nature. L'homme ne pourrait pas évoluer dans un milieu restrictif autre que la nature. Il se fustigerait pour se libérer contre toutes sortes de réclusions, que celles-ci soient mentales, physiques ou autres.

L'homme est né dans un milieu restrictif.[7] C'est pourquoi l'homo sapiens est un animal bourré de conflits. Comment expliquer ce conflit ? Explorons la nature de l'homme un peu plus à fond pour clarifier cette polémique.

---

[7] Ici, je veux parler de la nature elle-même.

Dès sa naissance, et ceci jusqu'à sa mort, l'homme est confiné. Avec le temps, sa cage s'est métamorphosée. Indépendamment de sa conjoncture, l'homo sapiens est toujours claustré dans son monde. Ça, c'est une réalité incontournable. Personne ne peut y échapper.

Au fil des ans, il y a eu une mutation dans la réalité de l'homo sapiens. Au cours de la même époque, la réalité de l'espèce humaine a beaucoup changé. Mais ce changement ne fut pas pour le mieux.

L'homme est le serf de sa nature. Il est sujet aux restrictions de la nature. Il succombe aux caprices du milieu naturel.

APPRENDRE À ACCEPTER SA RÉALITÉ

L'homme a appris à accepter sa réalité de reclus dans son monde. Mais c'est aussi une réalité qu'il a tout de même essayée de répliquer dans d'autres endroits, dont dans le milieu social. De ce fait, l'homme n'est plus ce qu'il fut dans le monde naturel.

À cause de son acquiescement ou par faute de sa soumission de sa réalité, l'homme ne sera jamais ce dont la nature avait inventé. Mais avait-il vraiment un choix ? Je dirais que non.

Il est indéniable que l'homme d'aujourd'hui est sous l'égide du milieu artificiel. Disons plutôt qu'il est concevable que ce dernier soit sous l'égide du milieu social. C'est un milieu fortuit. N'empêche que c'est un milieu dominé par deux conjonctures. D'une part, l'homme est dominé par la nature. D'autre part, il est sous l'emprise de son homologue.

L'homme est non seulement borné dans le milieu naturel, il est aussi un subordonné du milieu artificiel. L'homme n'a aucune porte de sortie. Il est normal que son existence dépende directement de ces milieux.

Quoi que l'homme dise ou quoi qu'il fasse, il ne peut que s'abstenir dans son monde. Même quand il pourrait éprouver un dégout révulsant de sa réalité, il ne peut que s'y conformer. Ainsi de suite, l'homme perd son individualité dans le milieu artificiel qu'il a lui-même inventé pour son bonheur.

CHAPITRE 3

En dépit du fait que la nature a toujours le dernier mot dans la bagatelle de l'homo sapiens, l'homme n'est rien en dehors du milieu social. Il est en chute libre sans les pieds fermes dans le naturel. Examinons ces milieux un peu plus en profondeur. Essayons de comprendre la réalité contigüe de l'homo sapiens dans son monde.

CHAPITRE IV

UN MILIEU ARTIFICIEL

DÈS SA CONCEPTION et ceci jusqu'à sa naissance, l'homo sapiens évolue dans un environnement naturel. Il a peu de contact avec le milieu artificiel. Mais une fois qu'il est né, il se retrouve dans un milieu synthétique. Il vit dans un milieu fictif. On pourrait appeler ce milieu la société. Aussi longtemps qu'il grandit, ce milieu devient un sanctuaire pour lui.

Si l'homme arrivait à perdre sa place dans ce milieu, il perdrait aussi son essence dans ce monde. L'homme ne vit que pour le milieu social. Il renie ses racines les plus inhérentes pour appartenir à la société.

Petit à petit, l'homme devient une banalité dans le milieu naturel. Il cherche à se séparer de la nature. Il cherche à se défaire de sa nature. Dès lors, il perd son essence à la recherche de cette dernière.

À un âge avancé, l'homme est soumis. S'il reste une goutte de l'essence de l'homo sapiens dans le milieu naturel, elle est peut-être dérisoire pour permettre l'homme de s'orienter dans son monde. Mais cela n'a pas toujours été ainsi.

Il était une fois, l'homme répondait à sa nature. Il était sûr de sa place dans son monde. Il était en communication étroite avec la nature. Il avait reconnu son rôle dans le milieu naturel.

L'homme était imbu de ses prouesses. Il était éveillé. Il était prémuni de ses limites dans le milieu naturel. Il était résolu de son état d'être dans la nature. Il savait qu'il n'était pas libre. Il ne prétendait pas être libre.

L'homme était au courant de son état d'être dans son monde. Il savait qu'il jouissait d'une forme de liberté dans le milieu naturel.

L'homme était conscient de la nature de sa nature dans son monde.

Maintenant, il n'est plus question de l'homme dans la nature. Il est plutôt de mise de dire, « *l'homme et la nature* ». Il ne serait pas hardi de dire que l'homme est perdu dans la nature.

L'homo sapiens n'est plus ce qu'il fut. Il ne sera point ce qu'il aurait pu être. Il est maudit. Il est déchu. Il est un rejet ; il est destitué dans la nature.

L'homme ne sait plus où il est. Il ne sait pas où il devrait être. À partir de sa vue myope de sa réalité, il se voit au-dessus de tout dans la nature. Il y croit avec toutes ses forces, de tout son cœur et avec toute son âme.

Oui, l'homo sapiens se voit Dieu. Dans sa réalité conjoncturelle, l'homme pense qu'il est celui qui domine la nature. Mais dans la pratique, il est évident que ce n'est pas le cas du tout. Disons plutôt que la nature est celle qui domine l'homme. Ce dernier ne jouit d'aucune liberté tangible dans le monde, et ceci que ce soit dans la nature ou que ce soit dans le milieu social.

L'homme se croit suprême dans la nature. De son point de vue obscurci, il s'est séparé de sa nature. Il s'est détaché du milieu naturel, pense-t-il. Il est devenu pur, il s'est convaincu.

L'homme se sent sans fil dans la nature. Il est dépourvu de redevance envers la nature. Il est son propre maitre. Il est son seul seigneur. L'homo sapiens se voit dépossédé de sa nature dans la nature.

Quelque part dans son âme, l'homme est incertain de sa certitude de soi. Il cherche à comprendre son monde. Il se recherche sans relâche. Il est à la recherche de signifiance existentielle. Il ne reconnait point sa nature. Il se voit différent de la nature.

Incontestablement, l'homo sapiens est mitigé dans son monde. D'une part, il se considère comme un élément omnipotent dans ce dernier. Il se voit aussi en dehors de la nature. Du même coup, l'homme se considère le porteur de l'étendard de la liberté dans son monde. Quelle absurdité !

Pourquoi l'homme a besoin de liberté. Pourquoi serait-il nécessaire pour que ce dernier se légifère pour acquérir sa liberté ? Une seule réponse est de mise. C'est que l'homme est un captif de soi-même.

L'homme n'a besoin de liberté qu'à cause de son propre emprisonnement. Il n'a besoin d'être libre qu'à cause de sa perception de soi dans son monde. Le problème c'est que son monde est aussi subjectif que sa vue de celui-ci. C'est un monde que l'homme a inventé pour soi-même, et ceci au-delà de sa nature propre.

Il est compréhensible que l'homme soit mitigé dans son monde. Ce milieu est antithétique à sa nature. Pour le dire, la vie de cohérence que l'homme cherche dans le monde n'est pas de ce monde. L'homme ne pourrait pas se libérer de sa propre réclusion. Ainsi, il y est condamné à perpétuité. Il y est séquestré pour la vie durant.

L'HOMME COMME UN RECLUS

L'homo sapiens est un reclus dans son monde. Il est aussi un prisonnier dans le monde des autres. C'est une conjoncture que l'homme ne pouvait pas épargner. Il ne peut que s'y courber à cette conjoncture. Il le nie à tout bout de champ.

L'homme est un élément de la nature. Il ne peut que s'y faire dans celle-ci. Il ne peut qu'accepter sa réalité de reclus dans le monde.

C'est un sujet assez complexe comme ça. Je ne vais pas examiner cet aspect du débat dans ce livre. Je ne vais pas explorer l'origine des maux de l'homme à fond. Je n'entends pas corroder cette voie ici. Mais je vais m'aventurer pour dire que l'homme de jadis est différent par rapport à l'homo sapiens moderne. Quand on parle de liberté, l'homme d'hier a peu de similarité avec celui d'aujourd'hui. L'homme d'aujourd'hui, on peut dire aussi, est un reclus de gré ou de force. La captivité de l'homme moderne, dit-on, c'est pour son bien. Quelle grossièreté !

Cette idée implique que le prix de la civilisation est l'emprisonnement à perpétuité. Cette réclusion, si je comprends bien, est nécessaire pour l'épanouissement de la paix. Elle est de mise pour la convivialité. C'est nécessaire pour le progrès de l'individu. Mais est-ce forcément le cas ?

Si je devais appréhender cette idée, l'homme devrait être incarcéré pour être libre. Vraiment, ce serait une idiotie injustifiable et même indéfendable de ma part. Le problème c'est que cette vue de l'homo sapiens convient à beaucoup de gens.

Il est presque impossible d'examiner la réalité de l'homme sans accepter une telle incohérence. C'est l'essence de la plupart des démarches intellectuelles. Ici, revisitons ce raisonnement un peu plus pour appréhender son vrai sens.

La réclusion de l'homo sapiens n'est pas une chose nouvelle. L'homme est incarcéré depuis sa naissance. La séquestration à laquelle je me réfère n'est pas nécessairement tangible non plus. Ce n'est surtout pas une réclusion physique.

Ce qui est certain c'est que l'homo sapiens a toujours été emmuré dans son monde. Dès sa conception, l'homme vit dans une cage. Il a passé neuf mois dans les entrailles de sa mère. Une fois qu'il est sorti de cette gite, si j'ose l'appeler ainsi, l'homme s'est retrouvé sous l'empire de ses parents. Il s'est aussi retrouvé sous le contrôle de ses gardiens. À partir de cette logique, l'homo sapiens est emprisonné dans son monde, et ceci dès sa création.

Le plus déprimant c'est que l'homme a toujours su qu'il était séquestré. C'est pourquoi il a toujours voulu s'en défaire. C'est bizarre ; l'homme a toujours œuvré pour se cloitrer. C'est l'essence même du conflit interne qui bouleverse l'homo sapiens depuis qu'il est devenu conscient de son existence dans son monde.

L'homme veut être entouré par les siens. Depuis sa naissance, il trottine peu à peu pour gagner sa liberté des siens. Il vit dans un monde qui lui parait étrange. Toutefois, il ne peut que s'y habituer. Il voudrait aussi s'en défaire. C'est une poursuite fictive.

Le problème c'est que l'homme n'a nulle part où aller. Mais il est en quête de sa liberté. Tandis que c'est un état d'être qu'il ne parviendrait jamais à savourer sans permissions. L'homme vit dans un état de frustration éternelle.

EN QUÊTE DE LIBERTÉ

Un fait est indéniable dans la conjoncture de l'homo sapiens dans le monde. Il est vrai que l'homme aimerait être libre ; il voudrait jouir de sa liberté. Mais l'homme aimerait être libre de quoi ? Il aimerait être libre de qui ? Dans ce contexte, l'homme voudrait être libre de tous, incluant de sa propre nature. Mais c'est une poursuite chimérique.

Vraisemblablement, l'homme ne peut pas être *libre* dans la nature. Je dirais tout de même qu'il pourrait être *en liberté* dans cette dernière. Mais pour ne pas me contredire, l'homo sapiens est emprisonné dans son monde.

L'homme voudrait se détacher du monde naturel. Il voudrait aussi s'enraciner dans le monde artificiel. Il œuvre ardemment pour simplifier sa réalité dans son monde. De sa nature, toutefois, il ne peut pas s'en défaire vraiment.

Un autre fait est indéniable. L'homme se sent empêtré dans le monde. Il est en quête de sa libération de ce dernier. N'empêche que c'est une liberté dont l'homme n'a jamais pu jouir au-delà des caprices d'un chaperon. L'homme n'a jamais été libre au-delà de son propre état de réclusion ou de celui d'un autre homme. C'est pourquoi l'homme est un reclus dans son propre domaine.

L'homme a compris sa conjoncture dès le départ. Il sait que son monde requiert qu'il soit un tout petit peu emprisonné. Il sait aussi que les restrictions de son monde sont antithétiques à sa nature. N'empêche que cette réalité crée un conflit immatériel chez l'homme. Inopportunément, c'est un conflit que ce dernier ne parviendrait pas à appréhender dans son être.

L'homme ne parvient pas à maitriser sa réalité de reclus. Il est émietté. Il est indécis. Il est confondu. Il ne sait plus où il est. Il ne parvient pas à saisir l'essence de sa nature propre.

Peu importe sa réalité, l'homme doit s'adapter dans son monde. Mais l'homme n'a guère d'alternative à part celles qui lui sont octroyées. L'homme n'a point de recours à part ceux-là qui lui sont offerts.

L'homme n'est rien à part celui qu'il ne pouvait qu'être. Il est cloitré dans son milieu. Sans tenir compte de ses vicissitudes, dans son monde, il doit s'y trouver. L'homme n'a nulle part où il pourrait se réfugier au-delà de son monde.

L'homme est bridé dans son monde, et ce fut ainsi dès le départ. L'homme est sous surveillance. Il est sous contrôle. Le problème c'est que l'homme a tendance à renier l'existence de sa captivité, et ceci indépendamment de la façon dont ce dernier perçoit sa borne dans son monde.

CHAPITRE 4

Je vais être un tout petit peu réaliste dans mon approche. Je propagerais au-dessus de tout éloge que quoi que l'homme fasse ou quoi que ce dernier dise, il est borné dans son monde. Il est toujours bridé. C'est aussi cette réalité qui détermine son état d'être dans ce monde. C'est cette conjoncture qui constitue l'état d'âme de l'homme partout où il se trouve.

La Liberté dans La Nature

CHAPITRE V

ÊTRE BRIDÉ

Comment peut-on blâmer la victime si cette dernière est toujours bridée dans son monde ? Pendant son enfance, l'homme est bridé par ses parents. Comme un adolescent, il est bridé par sa famille.

L'homme est bridé par ses amis. Il est soudoyé par sa cohorte. Il subit de la pression pour être une façon proprement dite. Ce n'est pas nécessairement la façon dont il aimerait être.

Comme un adulte, l'homme est bridé par le milieu social là où il évolue. Ce dernier est sujet à des lois en vigueur. Il répond à des normes sociales. Il est aussi l'objet des règles en vigueur.

Jusqu'à un âge majoritaire, l'homme n'a aucun dire pour contrecarrer sa réalité. Il ne peut rien pour corroborer les actions et les omissions de sa cohorte. L'homo sapiens n'a jamais été libre dans son monde.

L'homo sapiens a toujours été sous l'égide de son milieu. Le problème c'est que ce dernier est aussi sous l'égide de soi-même dans son monde. L'homme n'est libre nulle part.

L'homme ne sera jamais libre dans le monde. Il ne le sera ni de sa nature ni dans sa nature. C'est une conjoncture que l'homme sait très bien. C'est pourquoi il vit dans un état de frustration continuelle. C'est ça la tragédie de l'homo sapiens dans le monde.

Il est néanmoins plausible que l'homme pourrait jouir d'un tout petit peu de sa liberté dans le milieu social, et ceci indépendamment de la structure du milieu en question. Évidemment, cela ne veut pas dire que l'homme ne se croit pas libre dans son monde. Cela ne veut surtout pas dire que ce dernier ne se considère pas en liberté où qu'il soit. Mais c'est une fourberie.

L'homme se dupe dans son monde. Mais c'est aussi cette duperie bien orchestrée qui permet à l'homme de s'authentifier dans le monde. C'est ce qui lui permet de se sentir soi-même. C'est ce qui lui permet d'avoir une place pour s'exhiber dans le monde. Sans quoi, l'homme ne serait rien dans le monde.

Quoiqu'il arrive, l'homme ne peut pas être libre dans la nature. Dans celle-ci, il ne peut que s'imaginer une liberté. Toutefois, cette dernière serait apparente. Cette liberté serait toujours une farce.

La liberté que l'homme perçoit pour soi c'est comme un mirage dans un désert. Néanmoins, c'est un désert social. Il faut concéder, et ceci au vu et au su de tout, que c'est ce qui détient l'homme dans son milieu. Des fois, c'est ce qui empêche à l'homme de devenir une chimère.

Dans ce chapitre, et même dans les chapitres précédents, j'ai énoncé les terminologies « *être libre* » et « *être en liberté* » pour expliquer la nature de la conjoncture de l'homo sapiens dans son monde. Mais qu'est-ce que cela signifie ? C'est quoi d'être libre dans le monde ? C'est quoi une liberté ? Comment déceler les deux concepts en contexte ? Voyons tous ensemble.

ÊTRE LIBRE OU ÊTRE EN LIBERTÉ

Être libre et être en liberté sont deux concepts un peu nuancés comme ça. Malgré cette conjecture intellectuelle irréfutable, si j'ose l'affirmer, ces nuances ne sont pas toujours apparentes. Disons plutôt, elles ne sont pas toujours acceptables. Il y a une différence irréconciliable entre ces deux approches (être libre et être en liberté).

Il faut élucider ces concepts en contexte pour mieux les appréhender. Être en liberté, par exemple, n'est pas la même chose que d'être libre. L'un ne correspond pas à l'autre.

Être libre c'est d'avoir le contrôle de son être. C'est un état intrinsèque. Dans ce cas, l'être n'est pas sous l'emprise d'un autre.

Quand on est libre, on est affranchi dans son être. On est autonome dans la nature. On n'a pas de nature propre dans la nature. Si c'était nécessaire, on pourrait se défaire de la nature sans conséquence tangible ou autres. C'est comme si l'on était un extraterrestre.

Être libre signifie qu'on est comme un étranger dans l'environnement terrestre. On n'est pas borné dans le milieu. Ainsi, on est libre de tout.

Si l'on devait appréhender le sujet sur cet angle, on pourrait évoquer le terme « *la liberté illimitée* ». Dans ce cas, on serait libre par rapport à ceux qui nous entourent. On serait libre par rapport à ceux qui constituent notre monde.

On deviendrait « *libre comme le vent* ». De ce fait, on pourrait s'extirper du milieu là où l'on évolue. On pourrait le faire sans ambages. L'être serait libre dans le vrai sens du mot.

Dans une telle conjoncture, l'être serait à part entière. Il serait son seul maitre. L'être ne succomberait pas aux caprices du milieu naturel. L'être serait libre.

Dans une telle conjoncture, l'être ne serait point l'esclave du milieu où il évolue. Même quand l'être est un élément dans la nature, il ne serait pas vraiment un élément de celle-ci. L'être ne serait pas privé de son être à cause des autres êtres qui ne sont pas endogènes à son être.

L'état d'être libre dans la nature, est limitatif en nature. Tout ce qui a été conçu dans la nature ne peut être que dans la nature. Tout ce qui est de la nature est naturel en soi et ne peut s'abroger de l'être.

Tout ce qui est de la nature est dans la nature. Tout ce qui est dans la nature est naturel. Tout ce qui est naturel ne peut pas être en dehors de la nature elle-même. C'est pourquoi rien n'est libre dans la nature.

Jusqu'à la preuve du contraire, l'homo sapiens est un élément de la nature. Il est né dans la nature. Il est borné dans la nature. Dans cette dernière, il ne peut que s'y trouver. L'homme ne peut pas être libre dans la nature pour son propre compte.

UNE LIBERTÉ ÉPHÉMÈRE

À partir de la configuration du milieu naturel, on pourrait dire que rien (ou personne) n'est libre dans ce dernier. Cet état d'être n'est pas possible en soi dans ce milieu. Être libre signifie que l'être n'est pas sous l'emprise d'une entité en dehors de sa nature. Nul n'est libre dans la nature.

Être libre c'est d'abord une faculté mentale. Celle-ci a aussi des effets tangibles ou même des retombés physiques. C'est un état d'être relatif à la nature elle-même. C'est une posture qui reflète un état d'âme. L'homme se sent libre.

Être libre dans la nature c'est un état d'être insolite. L'être se croit libre dans son être, bien que ce ne soit pas le cas en réalité. Nul n'est libre dans la nature. Personne ne saurait être libre en aucun cas dans le milieu naturel.

Être en liberté, par contre, c'est une appréciation subjective de son état d'être dans son monde, et ceci à un moment donné. Cet état d'être est souvent conforme à la réalité de l'individu dans son milieu. Cet état d'être dérive d'un sentiment qui n'est pas forcément intrinsèque. Cet état d'être émane souvent d'un béguin féérique du milieu.

Être en liberté, c'est d'avoir le pouvoir de faire. C'est de jouir de la capacité de ne pas faire. C'est un état d'indépendance règlementé par une réalité donnée ou par des circonstances bien déterminées.

L'être ne se sent pas libre dans son essence. L'être se voit libre. L'être aimerait être libre, si j'ose le dire. Être libre c'est d'être sans limites dans la nature. Être en liberté, par contre, c'est d'être restreint dans son monde.

Pour être libre dans la nature, l'homme devrait d'abord être un extraterrestre. Toutes les indications nous ramènent à une seule conclusion. L'homme est un élément de la nature. En cette qualité, il doit succomber aux châtiments de celle-ci. La nature n'octroie pas de liberté à ses créatures.

L'un des châtiments de la nature c'est la réclusion perpétuelle. Un autre châtiment aussi conforme, c'est la dépendance. Tout ce qui existe dans la nature dépend de l'existence de la nature.

Le milieu naturel dépend de l'existence de ces créations. L'un dépend de l'autre dans la nature. C'est cette symbiose qui caractérise le milieu naturel.

Pour l'expliquer d'une façon plus claire, s'il y a une symbiose quelconque dans le milieu naturel, il y a une dépendance. S'il y a une dépendance, il y a aussi une redevance. S'il y a une redevance, il ne peut pas y avoir d'indépendance. Il ne peut y avoir de liberté inconditionnelle. Dans ce cas-là, il ne peut y avoir aucune forme d'autonomie dans la nature.

La dépendance c'est la réalité de l'homme dans la nature. C'est ça la réalité de la nature elle-même. L'homo sapiens ne jouit d'aucune forme d'autonomie en dehors de sa nature propre. En d'autres termes, toute forme de liberté dont l'homme jouit ou pourrait jouir dans le milieu naturel est passagère ou ne serait être qu'éphémère.

CHAPITRE 5

CHAPITRE VI

RESTRICTION OU LIMITATION

IL Y A UNE FAÇON erronée d'apercevoir ce que sont la liberté et ce que cela signifie d'être libre. On a tendance à confondre les deux terminologies. Mais comme illustré avant, elles sont toutes deux distinctes. C'est-à-dire, elles ne devraient jamais être confondues.

Être libre dans la nature, c'est le pouvoir de faire sans être fait. C'est la capacité d'agir sans aucune crainte de ripostes. C'est la discrétion de ne pas agir. C'est aussi la volonté d'être. C'est le désir de ne pas être, et ceci sans conséquence de toutes sortes.

Être en liberté, par contre, c'est un état d'être restrictif. Elle n'est pas limitative. Mais celui qui a la liberté n'est pas forcément libre. La liberté en soi est un état de passage. Elle est relative à une conjoncture donnée.

La perception dont l'individu est tout à fait libre dans la nature est en erreur. Nul ne peut être libre quand l'existence de cette entité dépend de l'existence d'autres entités dans un milieu quelconque. L'être ne peut pas être en dehors de son être, car son être est relatif aux caprices d'autres êtres dans le milieu.

L'homme n'est pas libre dans la nature. Oui, l'homme jouit d'une liberté dans ce milieu. Mais il doit d'abord percevoir sa liberté pour pouvoir l'acquérir. L'homme ne jouit pas de cet état d'être de façon formelle.

Dès le départ, c'est-à-dire depuis sa naissance, l'homo sapiens a la potentialité d'être en liberté. Dans le sens commun, c'est une liberté qui doit être acquise. C'est une liberté que l'être doit se procurer avec le temps. Un enfant ne peut pas se défaire de l'emprise de ses parents, surtout de sa mère, et ceci dès sa naissance.

L'homme doit conquérir sa liberté de façon graduelle. Cela dit, il doit aussi soutirer cette liberté de la nature elle-même, et ceci quand celle-ci le permet. Mais peu importe sa réalité conjoncturelle, l'homme ne jouit pas de cet état d'être au-delà de ses limitations naturelles.

LA LIBERTÉ DANS UN MILIEU SOCIAL

Être en liberté dans un milieu artificiel c'est tout à fait différent. Dans ce cas, l'individu pourrait jouir d'un état d'être qui lui permettrait de découvrir son être. Mais l'être serait restreint.

La nature n'est pas restrictive en soi. Ce milieu est plutôt limitatif. Dans la nature, la liberté, une fois acquise, n'est pas relative à un point où elle deviendrait conditionnelle et même capricieuse. Cette liberté, une fois acquise, n'est pas (ou ne serait être) le résultat de l'action ou de l'omission d'un autre être. Cette liberté est inaliénable.

Une liberté émanant de la nature elle-même est « *transcendante* ». Cette dernière n'est pas

« *intermittente* ». Elle n'est pas précaire. Elle n'est pas capricieuse.

Cette liberté, une fois procurée, deviendrait un aspect inhérent de l'existence de celui qui la possède. Elle deviendrait irréformable et même irremplaçable. Elle deviendrait une partie intrinsèque de celui ou de celle qui en bénéficierait.

Dans la nature, l'être peut être selon son être. Il ne peut être à partir de sa perception de soi-même. L'être n'est pas forcément restreint dans son être. L'être n'est pas nécessairement sous l'emprise d'un autre être pour jouir de son être en tout lieu et même dans son être.

Dans le milieu naturel, l'être est en liberté à partir de son être. Il jouit de cet état d'être à sa propre disposition ou de son propre gré. Mais c'est une liberté conjoncturelle. Cela implique que même quand l'être pourrait jouir d'une liberté à caractère naturel, il ne serait pas libre en dehors de la nature proprement dite. L'être ne serait jamais libre, et ceci au-delà de sa nature propre.

La liberté dont l'être jouit dans la nature est réelle. Elle est palpable. C'est une liberté irrévocable et incontournable.

C'est une liberté indéfinie, et ceci même quand elle est relative à des circonstances déterminées. Cette approche de la réalité de l'homo sapiens remémore une nuance primordiale. Il faut tout de même tenir compte de cette nuance dans le débat.

La civilisation a eu des effets négatifs sur la perception de l'homo sapiens de soi-même. Quelque chose a changé chez l'homme. Jadis, il se voyait comme un élément de la nature. Il ne s'interposait pas aux demandes de ce milieu. Il reconnaissait sa nature dans la nature.

L'homme fut en liberté. Sans équivoque, ce fut une liberté contingente au milieu naturel. Ce fut même une liberté circonstancielle. Mais l'homme n'était pas enchainé dans un monde exogène à sa nature.

L'homo sapiens ne se considère pas un élément de la nature. Disons plutôt, il ne se voit point de cette manière. Selon ce dernier, il est un errant dans la nature. Il se voit assujetti dans la nature seulement quand il s'y trouve. Le problème c'est que l'homme se considère aussi une partie intégrante à la nature.

À cause de cet état d'être, l'homme n'a point accès au milieu naturel comme ce fut le cas auparavant. Il se considère comme un passant dans ce milieu. Ses racines sont, de préférence, ancrées dans le milieu social.

L'homme se voit libéré des emprises de la nature, bien que ce soit une illusion. Il se considère comme le seul garant du milieu naturel, bien que ce soit un rêve chimérique. Mais c'est une folie qui fait pitié !

L'INSOUCIANCE DE L'HOMME

En cherchant à se dissocier du milieu naturel, l'homme est devenu un insouciant à l'égard du milieu. Il est devenu apathique à l'égard de soi-même. Il ne tient plus en compte qu'il est le produit de la nature. Il s'est dénaturalisé.

Cette marche vers la dénaturalisation de l'homo sapiens a eu des effets néfastes pour la race humaine. L'homme s'est dissocié de soi-même en se dissociant de sa nature. Il est devenu un danger tant que pour soi, mais autant que pour la nature elle-même. C'est l'une des raisons qui peuvent expliquer le racisme dans le milieu social.

Les points de vue sont un peu controversés à ce sujet. Ce qui est certain c'est que l'homme n'a point accès à la nature comme ce fut le cas autrefois. Selon lui, il n'est point circonscrit aux caprices du milieu naturel. De son point de vue, il est libre. Mais je ne puis voir la réalité de l'homme sur un tel angle.

La liberté que l'homme perçoit pour soi dans le milieu naturel est imaginaire. C'est une liberté ésotérique. L'homme ne peut être libre nulle part.

L'homme ne peut pas être en liberté dans le milieu social. Il ne peut pas l'être en dehors de sa nature propre non plus. C'est pourquoi l'homme est bridé partout et même dans sa nature. Ça, c'est une réalité incontestable.

La nature ne sera point ouverte à l'homme pas avant que ce dernier ne reconnaisse sa nature propre. Le problème c'est que l'homme s'est mis dans la tête que la nature est antagonique à sa nature. Je ne vois pas comment porter l'homme à réexaminer sa posture en ce qui concerne sa place dans le milieu naturel.

Ce qui est indéniable c'est que l'homme est perdu dans la nature. Il est égaré dans son monde. Il est un inconscient. Il est aboulique. Cet état d'insouciance permet au racisme de faire rage dans le milieu social.

L'homo sapiens est une victime de sa posture dans le naturel. Le racisme lui permet de justifier son dégout pour soi. Le racisme est un tremplin qui exhibe les maux les plus aigus de l'homme.

CHAPITRE VII

PAS DE LIBERTÉ

IL Y A UNE RÉALITÉ flagrante dans le milieu naturel. L'homme n'y est pas libre. La plus grande tragédie dans tout cela c'est qu'il n'est pas en liberté dans le milieu artificiel non plus. Mais cette vue de la réalité de l'homo sapiens est souvent contestée ou ignorée.

On a tendance à croire que l'homme est libre. Dans le cas échéant, l'homo sapiens détient cette potentialité, dit-on. C'est ça l'essence de toute idée que l'homme soit en connaissance de cause dans son monde. Il est souverain dans le monde, dit-on. De cette notion, je n'en disconviens pas. Je ne la réfute surtout pas, et ceci en aucun cas.

L'homme perd son être quand ce dernier se retrouve dans un état d'incompatibilité avec les désidératas de la réalité collective. Dans ce cas, de quelle souveraineté dont l'homme jouit-il ? De quelle liberté dont l'homme jouit-il ? L'homme est le souverain de qui, à part soi-même ?

J'admets que la liberté dont l'homo sapiens jouit dans la nature ou celle dont ce dernier perçoit pour soi dans cette dernière est parfois réelle. La liberté que l'homo sapiens expérimente dans le milieu naturel est différente par rapport à celle que ce dernier éprouve dans le milieu social.

Peu importe le lieu ou le moment, l'homme est sous l'égide de la nature. Il est sous l'emprise de sa nature. Pour l'exclamé une fois de plus, c'est une conjecture que beaucoup ont du mal à accepter.

Un fait est certain c'est que l'homo sapiens est cloitré dans le monde. Il est emprisonné dans son monde. Mais quoiqu'il arrive, l'homme ne peut que s'y trouver dans ce monde. Ce dernier est un subordonné de son monde.

Partout où l'homme se trouve ou se retrouve, il ne pouvait que s'y trouver. Ce n'est pas son choix. C'est plutôt à cause de la nature.

L'homme ne pourrait s'exercer dans ce milieu qu'à cause de sa nature. Ainsi, l'homme ne peut être que dans la nature. C'est l'essence de sa nature propre.

L'homme n'est rien sans la nature. Toute idée que l'individu soit toujours en liberté, que ce soit dans la nature elle-même ou dans un milieu synthétique (le milieu social), est le reflet d'une approche narcissique de la réalité de l'homme. C'est une approche fictive qui exergue peu de mérite intellectuel.

L'homme ne peut pas être libre quand ce dernier est borné dans son monde. L'homme ne peut pas être en liberté quand il est circonscrit et même limité dans son monde par les mêmes caprices du milieu que lui-même a inventé. Ainsi, la liberté dont l'homo sapiens jouit dans le milieu social est éphémère, sans importance, volatile et sans conséquence pertinente au-delà des paramètres de la nature.

Même quand l'homme est un reclus, il jouit cependant d'une liberté inégalée dans la nature. En aucun cas, je conterais, l'homme n'est libre. Ce n'est surtout pas le cas dans le milieu social.

J'accepterais l'idée que l'homme ait la potentialité d'être en liberté dans le milieu social. C'est une liberté exclusive et capricieuse. C'est un état d'être qui est relatif à des conditions indépendantes aux désirs et aux caprices de l'individu lui-même.

LA LIBERTÉ ET LA RESPONSABILITÉ

Je ne suis pas du point de vue que la liberté individuelle, si elle existait vraiment au-delà des reines naturelles, impliquerait une responsabilité partout où l'homme évolue. Si l'on était libre, on n'aurait pas besoin de liberté. Être libre ne signifie pas qu'on est en liberté. Les deux façons d'être ne s'assimilent jamais. Il y a aussi une approche importante à signaler dans le débat.

On dit souvent que chaque personne a la clé de son destin. À partir de cette logique, on dit que l'individu est libre de faire. Il est libre de défaire. On dit aussi que l'individu est libre de ne pas faire. Je riposterais que c'est une véracité qui est dépendante de la façon dont l'individu perçoit son rôle (ou sa place) dans son milieu.

La responsabilité de soi dans un milieu collectif, dit-on, réside dans l'individu. En d'autres termes, cette responsabilité est a priori personnelle. Cette dernière a aussi des répercussions collectives.

Dans le même sens, on proclame que toutes responsabilités dans le milieu social sont collectives. Cela implique que la société a une responsabilité envers ses membres. C'est comme si la société était une entité indépendante ou exogène à l'égard de ses membres et vice versa.

On dit que les membres d'une société, à leur tour, ont une responsabilité envers eux-mêmes. Dans ce cas, on pourrait dire que l'individu a non seulement une responsabilité envers soi-même, il a aussi une redevance envers les autres. Mais cette dette serait à caractère moral. Dans la même portée intellectuelle, j'argumenterais que cette approche est émané d'une incongruité indéfendable. Cela voudrait dire que la responsabilité sociale serait collective ; elle devrait être aussi individuelle. Cette responsabilité serait non individuelle ; elle serait aussi suprême. La voix de la majorité serait prépondérante. La responsabilité individuelle serait à la fois personnelle et collective.

UNE RESPONSABILITÉ PERSONNELLE

L'argumentation fondamentale que j'essaie de faire écho dans ces lignes c'est l'idée que l'homo sapiens soit, dans son fondement le plus intrinsèque, un responsable. La responsabilité dont il jouit dans son être, dit-on, est primordiale pour la convivialité sociale.

Cela implique que l'homme est imbu de toutes ses actions et omissions, et ceci dès le départ. Le raisonnement ici c'est que l'homme est le seul responsable de ses agissements et de ses malheurs.

Je ne mets pas en défi l'idée que l'homme soit fautif de ses maux. Je ne rejette aucune notion de responsabilité chez l'homme. Je ne discute pas l'idée que l'homme ait un devoir quelconque envers d'autrui. Pourtant, je contredirais l'idée d'un devoir inhérent chez l'homme.

J'admets que, quelque part, ce que l'homme fait ou omet de faire à des répercussions indélébiles sur soi-même. Son attitude peut avoir des effets sur la collectivité. Mais cela ne veut pas dire que l'homme doit être bridé pour son bien ou pour celui de la collectivité.

Toute idée de responsabilité émanant de l'homo sapiens lui-même est une approche subjective de la réalité de ce dernier. C'est une source de conflit dans le milieu social. Il est irréfragable que l'homme ait une identité propre dans la nature. Cette conjoncture devance toute idée d'une universalité dans le comportement des hommes.

L'homme est incertain dans le milieu naturel. Il est *gaga* par-devant l'immensité de la nature. Il ne se reconnait point dans cette nature.

À cause de son incertitude, il vit dans un climat de terreur. Il a peur de tout et de rien. Il se bride comme mécanisme de défense contre soi-même.

L'homme doit se filouter pour discerner son rôle dans son monde. Mais l'homme ne conçoit pas son monde à partir d'une lentille objective. À chaque homme son propre monde ou sa vue de ce dernier.

L'homme doit exiger à son homologue sa vue proprement dite de sa réalité. C'est une bataille sans fin. Les hommes se chamaillent entre eux pour se distinguer entre eux-mêmes. L'homme doit s'imposer sur soi pour se sursoir.

Octroyer une responsabilité quelconque à l'homme dans le monde implique que ce dernier soit son propre militant partout dans son monde. Cela implique aussi que l'homme pourrait être son propre défenseur, que ce soit dans le milieu naturel ou dans le milieu artificiel (je veux dire la société). J'argumenterais aussi que cette approche de la réalité de l'homo sapiens ne pouvait pas être plus équivoque. C'est une démarche doctrinaire.

CHAPITRE 7

Une approche doctrinaire

CHAPITRE VIII

CONNAISSANCE DE CAUSE

JE ME DEMANDE comment une responsabilité peut être à la fois individuelle et collective. Comment est-il possible qu'une responsabilité puisse provenir d'un groupe et d'être à la fois le résultat d'une appréciation individuelle. Cela n'a aucun sens. Cette vue de l'homo sapiens émane d'une incohérence intellectuelle incontournable.

Cette vue de la réalité de l'homme est inintelligible. Cette ambigüité de logique est l'essence même de la réalité de l'homme dans son monde. Pourtant, il y a des ramifications antithétiques à ces notions dont il faut tenir compte en disant tout cela. Revoyons quelques-unes d'entre elles.

S'il est vrai que l'homme doit être responsable de toutes ses actions et de toutes ses omissions, cela voudrait dire que ce dernier a le contrôle de son être dans son milieu, et ceci que ce soit dans la nature ou dans d'autres endroits. Cela impliquerait aussi que l'homme est parfait dans le monde, et ceci dès le départ. Ce qui signifierait sans doute, si c'était vrai, que l'homme serait toujours imbu de toutes ses actions et de toutes ses omissions.

Les agissements de l'homme seraient téléguidés par son désir folâtre de faire du tort ou de faire du mal. Cela voudrait aussi dire que l'homme saurait la différence entre le bien et le mal dès le départ. Quand ce dernier se comporte mal dans le milieu social, dit-on, il doit faire face à ses responsabilités. Il s'avèrerait essentiel pour que l'homme soit bridé dans son milieu.

Comment peut-on brider un homme dans son être ? Comment peut-on restreindre un homme dans son élan naturel ? Une façon de le faire c'est de lui privé de tout ce dont il a besoin pour survivre.

Comment serait-il possible pour qu'un homme puisse brider un autre ? Pourquoi un homme se laisserait-il brider par un autre ? Pourquoi un homme s'abdiquerait-il aux désirs et aux caprices d'un autre homme ? Une réponse à considérer c'est la dominance d'un homme sur son homologue. Il y a d'autres facteurs à tenir compte aussi.

L'histoire de la race humaine nous révèle que les hommes ont toujours été en conflit. Je dirais tout de même que les hommes d'aujourd'hui et ceux de jadis n'ont pas nécessairement été en conflit avec d'autres espèces. Les différends de l'homo sapiens sont souvent émanés du désir d'un homme de brider un autre. Néanmoins, le degré de domination dont un homme jouit sur son homologue découle souvent d'un rapport de force.

Quand je parle de force, je ne me réfère pas nécessairement à une force physique. Au fil des millénaires, l'homme a appris que la force physique ne donne pas toujours raison à celui qui en possède. Dans ce cas, je me réfère à une force énigmatique en nature. Cette force a aussi des ramifications tangibles dans le milieu social.

LE CONTRÔLE DE L'HOMO SAPIENS

Dès le départ, l'homme est sous contrôle dans son monde. Ce contrôle est absolu. Il est coercitif. Cette coercition est multiforme. Cependant, l'ampleur d'une force physique est relative.

Quelque part, il y a quelqu'un de plus fort. Ce dernier peut, à un certain moment donné, se défaire de tous dans l'environnement social. De par ses actions et de par ses omissions, un homme peut tyranniser certains groupes. Si ce dernier arrivait à détenir la légitimité nécessaire pour s'ériger en maitre et seigneur, il pourrait asservir toute une société.

La force qui peut porter l'homme à tyranniser son homologue dérive de la collectivité elle-même. Un groupe (ou des groupuscules) peut/peuvent devenir omnipotent dans le milieu social. Ça, c'est l'origine barbon de nos royautés. C'est la raison du plus fort, si je m'engage à le dire, et ceci sans réserve. Cette raison est basée sur un accord implicite des plus faibles.

Le dominant ne peut pas dominer l'autre sans l'approbation implicite (ou explicite) de ce dernier. Celui qui est captif doit accepter, d'une façon ou d'une autre, sa réalité. Il doit s'abdiquer aux désirs de son prestidigitateur. Il doit s'abandonner à son agresseur. Il doit se soumettre à son souverain.

Cette conjoncture implique que celui qui est sous la domination a un choix dans sa réalité. Il est aussi plausible que celui-ci ne se rende pas compte de sa captivité. Il est également probable que ce dernier soit le bénéficiaire de son état de reclus. Mais sa captivité pourrait lui être avantageuse.

Être en réclusion n'implique pas une mauvaise foi de la part de la personne qui se trouve dans un état de captivité. Cela n'implique pas non plus une indulgence de la part de la victime. Cela ne signifie certainement pas un désir d'être sous l'emprise d'une autre personne. Le pragmatisme peut être une force catalytique dans l'acceptation d'une réalité, et ceci bien qu'amère qu'elle puisse être. Il y a un autre aspect qu'il faut considérer un peu plus loin dans ce débat.

L'homme a conçu que prendre le contrôle de son homologue de force est un effort perdu. Vivre en captivité est contre la nature d'un homme. Ce dernier se juxtaposerait jusqu'à la mort pour acquérir sa liberté.

Un homme se châtierait à corps et âme pour se libérer de l'emprise de son homologue. Tôt ou tard, il aboutira dans les bras d'un autre homme, et ceci dans des conditions analogues. C'est ça la tragédie de l'homo sapiens dans son monde. Il n'a point de refuges.

Au fil du temps, l'homme a appris à instrumenter des techniques perverses pour assujettir son homologue à son insu, et ceci aux prunelles de tout un chacun. L'homme a appris à se duper. Il a appris à se soudoyer sans cause profonde et sans pitié.

Au fil du temps aussi, l'homme a développé des moyens discrets et indiscrets pour asservir son homologue, et ceci sans aucun remords. L'une de ces méthodes c'est de porter l'homme à s'emprisonner soi-même. Mais cette réclusion doit être mentale en nature.

La force qui permet à l'homo sapiens de se subjuguer est suggestive. C'est la force de l'esprit. C'est une force encéphalique, pour le dire autrement. Cette force est souvent intangible. Cette force est autrement dite imperceptible. C'est aussi une force doctrinaire. Celui qui est sous l'égide de celle-ci n'a souvent aucune idée de sa captivité. Cette réclusion doit être subtile. Elle peut être mentale ou même physique.

UNE FORCE DOCTRINAIRE

L'homme est sous l'égide de son homologue dans le milieu social. Même quand ce dernier n'est pas emprisonné dans son corps, il est toujours enchainé dans sa tête. La domination d'un homme par son homologue est une question de force. Cette force est inéluctable. Elle est implacable.

Ce qui détient l'homme dans son monde c'est une force invisible. C'est une force inconcevable. C'est même une force immatérielle. C'est une force qui est à la fois physique et psychique. C'est une force destructrice pour l'épanouissement de l'homo sapiens dans son monde.

La force qui permet à l'homme de se subjuguer, ou même subjuguer son homologue est à la fois redoutable et indomptable. De quelle force parlons-nous ici ? C'est la force de la pensée.

Pour brider l'homme dans son être, il faut le brider dans sa tête. Pour brider l'homme dans sa tête, il faut le brider dans ses pensées. Pour brider l'homme dans ses pensées, il faut l'induire à renoncer à sa nature propre. Pour porter l'homme à renier à sa nature propre, il faut l'endoctriner. Il faut porter celui-ci à voir le monde sous les lentilles d'un autre homme.

Comment subjuguer l'homme sans l'inciter à œuvrer ardemment pour acquérir sa liberté ?

Comment arriver à ce stade ? La façon la plus simple c'est la Dogmatisation de l'homo sapiens ou c'est la persuasion de ce dernier dans les fibres les plus profonds de son être. Pour parvenir a ce but funeste pour l'homme, il faut influer celui-ci à s'y laisser faire.

Il faut porter ce dernier à croire que son malheur est téléguidé par un être céleste, et ceci même quand ce dernier, est un vulgaire mortel ou un être terrien. Il faut induire l'homme à renoncer à sa nature. Il faut brouiller l'homme dans sa tête.

CHAPITRE 8

CHAPITRE IX

ENDOCTRINER LA VICTIME

LE POUVOIR OU la capacité pour endoctriner un homme est le résultat d'une force fatidique pour la race humaine. Celui qui possède la *maestria* de cette force peut devenir une lumière pour les autres. Celui qui domine cette force peut aussi devenir une source de ténèbres pour toute une race. Vraiment, ils sont peu ceux-là qui peuvent s'y opposer ou même y résister.

Dans des circonstances comparables, l'homme devient un objet. Il est manipulable. Il devient extrêmement malléable. Il est soumis. Il est sous l'emprise du milieu là où il évolue. Il est sous le contrôle de son homologue.

Il y a aussi une réalité dogmatique qu'il faut apprécier dans le débat. L'homme est sous l'égide d'une force naturelle. Cette force, dit-on, est téléguidée par une divinité.

Cette force, dit-on, permet à l'homme de distinguer le bien du mal. Cette force lui permet d'être dans la droiture. C'est la force de la moralité, affirment-ils.

Pour brider l'homme dans le milieu social, il faut qu'il y ait des lois ou des règles qui puissent régir son comportement. Ces lois ou ces règles émaneraient de la nature elle-même (*Loi naturelle*). Ces lois ou ces règles émaneraient de l'homme lui-même (*Loi positive*).

Quand l'homme se comporte d'une manière inacceptable, il est malveillant dans l'âme, dit-on. Il doit être puni pour ses actions et ses omissions. De par sa nature, dit-on, l'homme est un moraliste.

Ce que cela signifie c'est que l'homme sait comment se comporter dans son monde. Il sait ce qu'est la bienveillance. Il reconnait la malveillance. Il est intègre. Tout ce que l'homme fait ou omet de faire est un choix, dit-on aussi. Ici, je ne suis pas du même avis.

C'est le fondamental de toute idée que l'homme doit être responsable de ses actions et ses omissions dans son environnement. Mais il y a un vide intellectuel dans le débat. On doit se poser certaines questions importantes.

POURQUOI ET COMMENT

Comment est-ce que l'homme peut être à la fois pur et bourré de crasses (ou de saletés) dans un milieu berné dans l'impureté ? Comment se fait-il que l'homme soit parfait dans un monde émaillé d'une grossièreté insupportable et même inacceptable à ses yeux ? Comment une personne peut-elle être fière d'être un homme dans un environnement captif et en même temps antagonique à sa propre nature ?

Cela n'a aucun sens. Je n'y comprends rien du tout. Éclairez-moi un tout petit peu si vous pouvez le faire.

Comment est-ce que l'homme peut aspirer à atteindre le firmament de la perfection quand il n'a aucune idée de ce qu'est l'imperfection dans la nature ? Comment est-ce que l'homme peut être parfait dans un milieu qui, selon lui, est submergé dans l'imperfection ? Comment est-ce que l'homme peut porter l'étendard de la moralité tandis qu'il est amoral au départ ? Comment est-ce que l'homme peut être vertueux dans le monde tandis que ce dernier reconnait qu'il est aussi dépourvu de tout sens de vertu dans le milieu là où il évolue ?

Comment est-ce que l'homme peut être sain dans un milieu où toutes notions de sainteté sont relatives à celui qui y préconise ? Comment est-ce que l'homme peut évoluer dans l'iniquité et la sauvagerie sans être entaché ou même affecté par ces réalités ? Comment est-ce que l'homme peut avoir une virtuosité sur soi-même sans être l'objet d'une autre entité dans le milieu naturel ? Comment est-ce que l'homme peut être soi-même sans être sous l'emprise des autres ?

À moins que l'homme ne soit pas originaire du milieu naturel, il ne peut être que le produit de ce milieu. À moins que l'homme soit un extraterrestre sur la terre, il est victimaire de sa propre nature dans cette dernière. Se défaire de sa nature c'est se défaire de soi. Se défaire de soi c'est une poursuite en futilité. C'est une approche utopique de la réalité de l'homo sapiens, et ceci que ce soit dans l'abstrait ou dans la pratique.

L'homme est cloitré dans la nature. Il est un prisonnier de sa nature. Il est emmuré dans sa nature. Il ne peut que s'y conformer. Il ne peut que s'y faire.

L'HOMME DANS LA NATURE

L'homme est un élément de la nature. À cet effet, l'homme port en lui tout ce qui est bon dans la nature. Il reflète en lui tout ce qui est mauvais dans ce milieu. L'homme ne peut pas contrecarrer la nature tout en cherchant à s'y dissocier. L'homme ne pourra jamais se défaire de sa nature.

L'homme ne peut être ce dont il ne pouvait qu'être dans le milieu naturel. Disons plutôt que l'homme ne pouvait être ce dont il ne pourrait qu'être dans son monde. À cause de la nature de l'homme, il ne pouvait être ce dont il ne pourrait (ou ne pouvait) que devenir (ou qu'être) dans la nature elle-même.

Ne pas se considérer comme un homme dans le milieu naturel c'est de se défaire de sa nature. Se défaire de sa nature c'est de se défaire de soi. Se défaire de soi c'est de renoncer à la race humaine. Renoncer à sa race, j'argumenterais, est peut-être un crime contre son humanité.

L'état d'excellence dont l'homme cherche dans la nature est au-delà de la nature elle-même. L'état de perfection dont l'homme s'afflige et s'inflige dans son monde n'existe nulle part dans le milieu naturel. La pureté angélique dont l'homme envisage pour lui-même et de tous ceux qui l'entourent n'existent nulle part dans le milieu social ou même ailleurs. Dire le contraire serait une incohérence analytique.

Blâmer la victime est une insulte de plus aux injures de l'homo sapiens contre son homologue. C'est une énormité injustifiable et même inconcevable. Examinons cette idée un tout petit peu plus loin.

CHAPITRE 9

DÉNATURALISER

CHAPITRE X

UNE DÉNATURALISATION

MALGRÉ SES VICISSITUDES, l'homme se veut parfait dans le monde. Il préconise la paix. Il sévit pour l'égalité. Il aspire à la convivialité. Il claironne la responsabilité individuelle.

Toutefois, l'homme est controuvé à propos de sa propre nature. L'homme se dupe dans l'intention de ne pas se laisser duper. L'homme se leurre pour ne pas être leurré.

L'homme voudrait refouler son ignorance de sa réalité. Pourtant, l'homme est perplexe dans son monde. Pour une raison ou une autre, l'homme s'illusionne à propos de son monde. Dans l'entremise, il se minimise.

L'homme aimerait être tout, sauf soi. Mais l'homme sait très bien qu'il ne peut pas être autre chose que soi. Ainsi, il est perdu dans son monde. Il est aussi égaré dans la nature.

Il faut souligner un aspect important à propos de l'incrédulité de l'homme dans son monde. À part son indétermination, l'homme est en quête d'une légitimité. Le problème c'est que cette validité, si elle existe, est capricieuse en nature. Personne ne détient ce bienfondé dans le milieu naturel.

Dans le milieu social, par contre, l'homme se veut roi. Il se veut saint. Il se veut Dieu. Ainsi, l'homme se veut immortel.

En soi-même, l'homme est conscient de son incapacité de dominer la nature en dehors de sa nature. Il sait qu'il est le captif de celle-ci. Nonobstant, il le nie à tout bout de champ.

LE DILEMME DE L'HOMME

L'homme vit dans un état de dilemme sans fin. Il se veut maitre de soi. Il est aussi conscient de son inaptitude de s'approprier dans son être.

On dit que « *L'homme propose* ».[8] On dit aussi que Dieu a toujours le dernier mot. D'une manière distincte, « *Dieu dispose* », dit-on aussi.

Cela suppose que l'homme a peu d'influence dans les affaires de Dieu. On pourrait dire que l'homme a peu d'influence dans les affaires de la nature. Je ne veux pas détacher Dieu de la nature et la nature de Dieu. Cela dit, je n'entends pas épier cet aspect du débat.

Quoi que l'homme dise ou quoi qu'il fasse, la nature a toujours le dernier mot. Je reconnais aussi que cela crée un dilemme pour l'homme. Il ne sait pas quoi faire de la nature. Il ne peut pas se défaire de celle-ci. Il est indécis.

---

[8] Ce dicton dérive de plusieurs pensées bibliques, dont l'idée que l'homme propose, mais Dieu dispose. Voir Psaume 46:10 et Job 38 :1. Voir aussi "L'homme Propose et Dieu Dispose - Expressions Bibliques," consulté le 10 juin 2018, https://www.addnarbonne.com/expressions-bibliques.php?l=L&expression=L--homme-propose-et-Dieu-dispose.

L'homme ne peut pas être à la fois l'alpha et l'oméga. Il ne peut pas être à la fois Dieu et païen. Il ne peut pas être impur et du même coup gardien de noblesse. Il ne peut pas être à la fois celui qui impose les châtiments et celui qui en subit sans éprouver les conséquences les plus inhérentes.

L'homme ne peut pas être celui qui mortifie et celui qui est mortifié sans croupir sous le coup des effets de ses actions et ses omissions. Il ne peut pas être à la fois le bourreau et la victime sans être cicatrisé par ses actions et ses omissions. Il ne peut pas être le maitre et l'esclave de son domaine.

L'homme est perdu dans la nature à un point où il ne sait plus où il devait être. Il ne sait plus où il va. Il est décousu. Il est consommé par le milieu social. Il est compressé et même décompressé par le milieu naturel.

L'homme est conscient de sa banalité. Il est au courant de son manque d'importance dans la nature. L'homme se voit mondain. Il ressent son impotence au plus profond de son âme.

L'homme reconnait son avidité dans la nature. Il a peur de soi. Il se referme sur soi.

Dans l'ombre de soi-même, l'homme concède son infirmité dans le milieu naturel. Cependant, il cherche à cacher sa faiblesse. Il nie son incapacité de faire de la nature ce dont il voudrait. Il s'en prend à soi-même. Il cherche à régner sur soi.

En un lieu dans son être, l'homme doit se duper pour ne pas être dupé par son milieu. Il doit s'imaginer un monde où il est à la fois celui qui immole et celui qui est immolé. Ceux-là qui résistent à cette « Réalité, » si l'on peut l'appeler ainsi, sont punis avec une désobligeance absolue. Mais cette conjoncture est un dilemme pour l'homme, et ceci dans les fibres les plus profondes de son être.

D'une part, l'homme voudrait être parfait. Pourtant, la perfection dont l'homo sapiens est en quête n'est pas de ce monde. Tandis que l'homme ne veut pas conjecturer cette réalité. Il s'assujettit. Il se bride.

L'homme se laisse guider par sa peur de son homologue. La plupart du temps, cette peur se transforme en haine. Cette haine, à son tour, donne souvent lieu au racisme. Pour justifier celui-ci, on a tendance à le nier. On blâme la victime pour son propre malheur.

La victime a tendance à accepter son état. Même dans l'absence des circonstances atténuantes, cette dernière accepte son état de reclus. La victime a tendance à croupir par-devant la réalité de sa conjoncture.

La présomption c'est que chaque action, étant prise ou omise, est indépendante de l'acteur, de l'environnement, de l'action posée ou de l'omission elle-même. Quand cette action (ou cette omission) pontifie, la collectivité de manière négative, l'individu (ou l'acteur en question) doit être puni pour ses transgressions.

Je ne peux pas voir le monde à partir d'une telle lentille. Je ne crois pas que l'homme puisse être responsable de ses actions ou ses omissions dans un milieu artificiel. L'homme ne peut pas être le gardien suprême de la race humaine quand il est à la fois une menace pour cette dernière. Le racisme est toujours injustifiable.

Le racisme, en toute forme et en tout lieu, est mauvais pour la race humaine. C'est une malédiction pour l'homo sapiens. Je reconnais aussi que ce n'est pas forcément un malheur tombé du ciel.

Le racisme est une protubérance inopportune que nous avons tendance à ignorer. C'est une plaie indésirable. Tandis qu'elle nous convient quelquefois. Toutefois, cette dernière devient de plus en plus maligne et fataliste.

À un point (ou à un moment donné), on doit s'en défaire. On doit le faire même si c'est difficile. C'est pour notre propre bien.

UN PRISONNIER DE SON ÊTRE

Au-delà de ses imperfections, l'homme se sent abandonné. Il se sent délaissé aux hasards. Il se sent châtier du milieu naturel. Il se voit désordonné. Il est désillusionné.

L'homme est le prisonnier de son monde. Cette conjoncture est souvent inacceptable, même quand c'est inévitable. Toutefois, cette réalité est parfois inconcevable par ce dernier.

L'homme est maudit dans son monde. Il est privé au-delà de celui-ci. Il y est restreint.

Pourquoi est-ce la réalité de l'homo sapiens ? Je ne saurais quoi vous répondre. L'homme est borné à cause de son incapacité d'apercevoir le monde comme il est.

L'homme se crée un milieu artificiel. Selon lui, ce milieu lui permet de se subjuguer sans ambages ou sans regret. Ce milieu lui permet de régner sur son homologue sans ennui et sans obstacle réels ou même perçus.[9] Ce milieu accentue aussi sa tragédie.

Tout ce que l'homme fait dans le milieu social est antinomique à sa nature. Il est embastillé dans la société avant de n'être autre chose nulle part. C'est pourquoi l'homme est voué à se châtier pour ne pas être soi-même.

---

[9] Ici, je veux parler de la société.

Cet état d'être crée les conditions propices pour le racisme.

La société est une cage mentale. Cette cage devient de plus en plus féroce tant au niveau physique qu'au niveau psychique. Cette cage devient nocive avec la modernisation du milieu. L'homme est empêtré dans le malheur qu'il a lui-même inventé pour soi.

L'homme est à la fois le producteur et le produit de son milieu. Il est l'instigateur de ses mésaventures. Il est la source de ses déboires. Il est son propre destructeur. Il est aussi son seul sauveur. Il est surtout son souverain. Il est la fontaine de son bonheur.

L'homme devient un accessoire dans son monde. Il devient un objet ou un instrument du milieu. Il perd son humanité dans le milieu. Sans se rendre compte parfois, il devient un atout indispensable et dispensable du milieu.

L'homme est dispensé dans le milieu là où il évolue. Son humanité est réduite à un simple état de fait. Son être est acculé à un simple état de cause. Sa vie, sa passion, ses désirs et ses rêves sont immatériels au-delà des attentes de la collectivité. Ses chimères et ses malices sont punissables aux plus hautes instances. Ses volontés sont sans aucune conséquence. Ses craintes sont sans fondement. Sa perception de sa réalité est sans valeur. L'homme est perdu dans son milieu sans la chance de s'y trouver.

Dans le milieu social, l'homme est un mystère sans secrets. Il est une énigme sans devinettes. L'homme n'est rien à part ce dont il se dit ou il se considère. Tout ce que l'homme fait ou tout ce qu'il omet de faire est relatif à l'environnent où il évolue.

Si l'homme avait une responsabilité dans son monde (je veux dire le milieu social), cette dernière serait d'abord induite par le milieu lui-même. Mais cette responsabilité ne pourrait être que celle dont l'homme conçoit pour soi. Cette responsabilité, j'exclamerais sans détour aussi, serait éphémère et capricieuse en nature. Cette responsabilité n'aurait aucune inhérence.

À l'instar du milieu où cette imputation serait applicable, elle serait artificielle. Accepter une telle réalité dans le monde des hommes serait la même chose de reconnaitre le racisme. Ce serait d'accréditer ce fléau. Ce serait une façon de fermenter la réclusion de l'homo sapiens contre son homologue.

Je ne vois pas mon monde, et celui d'autrui, à partir d'une telle optique. Dire le contraire serait une façon de ma part de fermenter le racisme, et ceci que je l'entende ainsi ou non. Je ne voudrais jamais emprunter pas ce chemin menteur.

CHAPITRE 10

CHAPITRE XI

DE L'ABSURDISME

L'HOMME EST DÉPOURVU de choix intimes dans son monde. Dans le milieu social, l'homo sapiens n'a guère de choix inouïs. Il doit accepter toutes sortes de responsabilités que la société lui impose. Il n'a pas le choix à être comment il voudrait être. Il ne pourrait pas être comment il voudrait être en dehors de son être.

L'homme doit se soumettre aux appétences du milieu là où il évolue. Il doit le faire même quand ce milieu pourrait le restreindre ou même tourner contre lui. C'est ça l'essence de l'absurdisme de l'homme dans son monde.

L'homme est un serf de la malveillance de son homologue. Il est au courant de son malheur. Pourtant, il ne peut pas changer son destin, et ceci dépendamment de la salubrité de celle-ci.

Il y a une vérité indiscutable dans l'histoire de l'homo sapiens dans son monde. Pour faire écho, l'homme ne peut pas se défaire de sa nature. Il ne pourra jamais se dénaturaliser du milieu naturel. C'est pourquoi la vie de l'homme devient une tragédie.

On dit que l'homme est responsable de ses actions et ses omissions. Néanmoins, cette vue de la réalité de l'homme est une cacophonie qui ne révèle pas grand-chose concernant sa potentialité. C'est une vue réductrice et même obtuse de la réalité de l'homme. Je ne voudrais pas emprunter ce chemin mythomane. Je ne pourrais pas le faire tout en cherchant à déceler ce qu'est le racisme.

Je ne veux pas accepter que l'homme puisse être la cause de ses déboires, tout au moins, je ne peux pas le faire consciemment. Il est vrai que j'insinue des causes psychologiques dans cette idée. Néanmoins, je ne veux pas examiner le sujet de ce point de vue.

Toute notion que l'homme est déterminé à se faire du mal est erronée. Il est indéniable que l'homme possède une inclination naturelle à se protéger contre tout ce qui pourrait l'affecter d'une manière négative. Tout homme a la capacité de se protéger dans son environnement.

La recherche à la protection engendre souvent un désir ardent de faire du tort. Cela ne veut pas dire que l'homme n'a pas la capacité d'œuvrer pour le bonheur d'autrui. De par le monde synthétique, l'homme a perdu l'essence de son être.[10]

LA MAUVAISE INFLUENCE SOCIALE

Le milieu social incite la mauvaise foi chez l'homme. Il succombe à ses désirs les plus

---

[10] Ici, je me réfère particulièrement au milieu social là où l'homme évolue.

impudiques. Le racisme est l'un des désirs les plus malsains chez l'homme. De façon conforme, la société accentue ses sentiments de dégout chez l'homo sapiens.

Je n'admets aucune inhérence dans le comportement de l'homme à son égard. Ses agissements sont souvent le produit du milieu social. Dans son monde, l'homme est d'abord une victime avant d'être un bourreau. Évoquer le contraire c'est de ne pas saisir la réalité de l'homme.

Le milieu social est fondé à partir de la notion que l'homme est d'abord un sauvage dans la nature. La société devient un milieu où l'homme évolue selon des normes, des traditions et des coutumes, à partir desquelles, l'homme devient civilisé. Cela implique aussi que l'homme est malléable dans le milieu social.

Ce qu'on omet souvent de dire c'est que, dans le monde social, l'homme n'est point soi-même. Son existence est une tragédie incontournable. Il vit dans un état de frustration continuelle. Il est berné dans l'impureté.

L'homme n'a guère de choix que de s'abstenir dans son milieu. Dans ce cas, quelle responsabilité peut-on abonner à l'homme ? Vraiment, je n'en suis pas sûr.

Nul ne pourrait certifier cette responsabilité. Cette dernière, si elle existait, ne pourrait être justifiée qu'au-delà de la nature. Cette responsabilité, quoi qu'elle puisse être, serait une invention de l'homme lui-même. Elle n'existerait qu'en dehors du milieu naturel. Cette responsabilité serait le résultat des normes établies et régies dans le milieu social. Ce serait pour le bien-être du milieu lui-même.

Dire que l'homme est responsable de ses actions et ses omissions est une erreur. Cette approche de la réalité de l'homme ne pouvait pas être plus mensongère. C'est tout le contraire en ce qui concerne la réalité de l'homme à l'état naturel. Si l'homme avait une responsabilité, quoi que cette dernière pût être, elle ne pourrait qu'être acquise. Cette responsabilité, si elle existait vraiment, serait relative au statut social de l'individu en question.

UNE RESPONSABILITÉ ABSTRUSE

Nous pourrions nous demander quelle serait la responsabilité d'un chasseur envers un gibier. Quelle serait la responsabilité d'un soldat envers ses ennemis ? Quelle serait la responsabilité d'un gendarme envers le citoyen ? Quelle serait la responsabilité d'un mari envers sa femme ? Quelle serait la responsabilité d'un père ou une mère envers ses enfants ? Nous pourrions élargir les paramètres de cette discussion.

Nous pourrions nous demander quelle serait la responsabilité d'un homme envers une femme. Quelle serait la responsabilité d'un jeune envers un vieillard ? Quelle serait la responsabilité d'un riche envers un pauvre ? Quelle serait la responsabilité d'une société envers ses membres ? Quelle serait la responsabilité de Dieu envers un croyant, envers un athée, ou même envers un homme pieux ? Je ne saurais quoi vous répondre.

Je pourrais reprendre toutes ces questions à l'inverse. N'empêche que mes réponses seraient amplement incohérentes. On ne pourrait pas s'entendre sur une approche quelconque.

Dans le milieu naturel, il n'y a aucune responsabilité punitive aux actions ou aux omissions de l'individu. Ce dernier évolue dans ce milieu sans aucune restriction. Il négocie son existence. Il parlemente avec la nature chaque seconde pour subsister.

Dans le rythme de son va-et-vient, l'homme se retrouve dans son monde. Il sait que le milieu naturel est ingrat. Il sait que son passé est indélébile. Il sait que son futur est incertain. Il sait que le présent ne lui est pas dû. Mais il sait comment acquérir son existence dans le naturel. C'est l'essence même de la poursuite de l'homo sapiens pour subsister. C'est l'essence de la lutte pour survivre au-delà de la chance dans le milieu naturel.

Dans la nature, l'individu sait que la vie ne fait pas de cadeaux. Il s'entretient pour s'entretenir. Il est conscient de sa lutte pour se maintenir dans le milieu naturel. Il se valorise quand c'est possible. Il se renchérit quand ce n'est pas possible. Il est gracieux.

Dans la nature, l'individu ne se soucie guère de ses actions. Il se fout pas mal de ses omissions. Les actions posées ou omises dans ce milieu ne sont pas punissables. Sinon, certaines actions (ou certaines omissions) sont réactionnelles. C'est le cas surtout de façon proportionnelle.

CHASSEZ LE NATUREL

CHAPITRE XII

DÉFIER LE NATUREL

Le célèbre dramaturge, Philippe Néricault Destouches[11], a prononcé dans une de ses pièces les plus populaires « LE GLORIEUX » (paru en 1732), « *Chassez le naturel, il revient au galop* ».[12] Ce qui signifie de façon littérale, *quoi*

---

[11] Voir aussi "Philippe Néricault Destouches - Wikiquote, le recueil de citations libres," consulté le 10 juin 2018, https://fr.wikiquote.org/wiki/Philippe_N%C3%A9ricault_Destouches.

[12] "Chassez Le Naturel, Il Revient Au Galop : Signification et Origine de l'expression," consulté le 10 juin 2018, http://www.linternaute.com/expression/langue-

que nous disions ou quoi que nous fassions pour dissimuler notre nature, elle referait toujours surface. Il serait impossible de se défaire de sa nature à partir d'un simple désir.

Je préconise une idée assez contingente comme ça pour déceler les ramifications intellectuelles de la pensée articulée par le sieur Destouches. Je dirais qu'on ne peut pas défier la nature sans confronter le milieu naturel lui-même. Cependant, le milieu naturel est indomptable par l'homme.

L'homo sapiens a peu de recours tangibles pour contrecarrer la nature dans son essence. Il a aussi peu de recours pour faire dérailler le milieu social. L'homme est suborné là où il évolue. C'est pourquoi l'homme n'est rien d'autre que ce dont il se dit ou se croit être. Il n'est absolument rien d'autre que ce dont il se croit être.

---

francaise/12527/chassez-le-naturel--il-revient-au-galop/.

Toute action posée ou omise dans le milieu naturel est contrariée par une réaction identique. Tout acte commis dans la nature ou tout comportement omis dans le milieu social a des conséquences. Toutefois, rien ne se perd ; rien ne se gagne dans la nature sans l'approbation du milieu naturel elle-même. C'est l'essence de la nature. L'homme ne peut tout simplement rien y faire.

Pour ainsi dire, rien ne se fait sans conséquence actionnable dans la nature. Le naturel ne laisse rien passer inaperçu. La nature ne laisse passer aucune conjoncture sans une réponse appropriée.

Pour une raison quelconque, l'homme ne parvient pas à saisir la nature. Il se comporte comme si le naturel était le conjoncturel. C'est peut-être cela l'origine de la perversion de l'homme dans le milieu naturel. C'est peut-être cela qui porte ce dernier à se voir différent du milieu.

L'homme ne peut pas défier la nature sans subir les conséquences de son insolence. L'homme ne peut pas changer la nature au-delà de la nature elle-même. L'homme ne peut pas faire de la nature ce dont il conçoit pour soi. Mais l'homme est entêté de nature.

Par-devant les prodiges de la nature, l'homme pense qu'il a une responsabilité envers celle-ci. C'est une responsabilité mal perçue, car l'homme ne se soucie guère de la nature. L'homme ne se soucie que de soi.

D'une part, l'homme voit la nature comme un trampoline pour son bonheur. D'autre part, il considère celle-ci comme un ennui pour sa propre félicité. C'est comme un emmerdement. C'est comme un embarras. L'homme se veut aussi le défenseur de la nature. Toutefois, c'est une aberration.

L'HOMME ET SES INTENTIONS

L'homme est fourvoyé dans la nature. Il est égaré ; il erre dans sa nature. Il ne sait pas où il est. Il ne sait pas d'où il vient. Il ne sait pas où il va. Il ne sait même pas où est la nature.

L'homme est un animal perverti dans la nature. Il est dédaigneux. Il est un insolent. Il est devenu vicieux. Ses intentions pour le milieu naturel sont dévergondées. Ses rêves les plus chers c'est de dominer la nature. C'est une idée fixe. L'homme est déterminé.

Il est résolu dans ses démarches pour surpasser la nature. Il devient un opulent. Il est un arrogant. Mais l'homme est incertain de ses prouesses. N'empêche que c'est ce qui pourrait expliquer l'insolence de l'homme dans la nature.

L'homme croit que la nature est immonde. Selon lui, c'est un milieu chaotique. C'est un milieu saccadé. Malgré cela, l'homme croit que la nature est domptable. Ce dernier veut dompter la nature à un point de l'animer ou la réanimer à volonté. Ça, c'est une folie qui fait rire !

L'homme se voit comme le seul garant du milieu naturel. Il voudrait mettre de l'ordre dans ce qu'il conçoit comme du désordre. Mais c'est une hardiesse que la nature ne pardonnerait jamais, si j'ose le dire.

Dans son présent état, la nature est irréductible par la race humaine. L'homme voit la nature comme un milieu chaotique. La nature a besoin de l'ordre, dit-il.

En réalité, l'homme est acariâtre dans son monde. Tout ce dont ce dernier perçoit comme du chaos dans la nature est tout à fait normal. Rien ne se fait pour rien dans la nature.

Tout fait naturel est uniforme et parfois nécessaire pour le progrès du milieu. La nature est ce qu'elle est pour son propre bien. L'homo sapiens le sait très bien. Il sait aussi qu'il ne pourra jamais changer la nature. Ce serait ainsi quoi que l'homme dise ou quoiqu'il fasse.

Pour mettre cette idée en pratique, disons qu'un chat a mangé une souris. Subséquemment, un chien a dévoré le chat. Le chien à son tour est englouti par un renard. Le renard est mordu (ou piqué) par un serpent venimeux. Le serpent est dévoré par un loup et ainsi de suite.

Il n'y a rien de surnaturel dans les antécédents susmentionnés. On ne peut pas dire que le chat est un vilain. On ne peut pas dire qu'à cause de sa malveillance envers la petite souris, il a subi les conséquences de ses actions. On ne peut pas dire autant pour le chien, pour le renard, pour le serpent et même pour le loup.

Il y a des normes inéluctables dans le milieu naturel. Ces principes sont inviolables et indomptables. C'est la loi de la nature. Revoyons quelques de ces normes dans le prochain segment. Dans ce cas, utilisons des exemples un peu plus pratiques.

LES NORMES NATURELLES

Certaines conduites sont normales dans la nature. Dans le milieu naturel, il est normal pour qu'un chat mange une souris. C'est la nature du chat. C'est la même chose pour le chien, pour le renard et pour le loup. Ainsi, le fait qu'un chat mange une souris n'est pas une malveillance en soi, surtout du point de vue d'un chat famélique.

Un chat doit manger pour subsister. Une souris est une délicatesse dont le chat ne peut y résister. Les palettes du chat sont faites pour déguster les fibres de cette dernière. C'est une réalité que la petite souris sait très bien. C'est pourquoi la nature ne rend pas une souris moribonde aux caprices d'un chat.

Une petite souris a tous les atouts pour se défendre dans la nature. Cette dernière n'est pas livrée à elle-même dans le milieu naturel. C'est la même chose aussi pour le chat.

Il est néanmoins probable que la petite souris ait une perspective tout à fait contraire concernant sa défaite sous les coups de griffes d'un chat affamé. C'est l'essence même de la perception individuelle. Une responsabilité, s'il en existe, c'est que le chat doit manger la souris. Mais cette dernière, à son tour, doit éviter ce destin funeste. Elle doit le faire à tout prix.

C'est l'essence de la vie d'un chat. C'est aussi l'essence de la vie d'une souris. Il n'y a rien de conjoncturel ou de fortuit dans cette réalité conviviale. Pour une raison semblable, c'est la réalité de l'homo sapiens dans son monde. La différence c'est que ce dernier n'a pas la même agilité de défense contre son homologue dans le milieu social.

Tous les hommes sont les mêmes. De ce fait, la prépondérance physique d'un homme sur un autre est relative. Mais sur le plan mental ou autre, un seul homme peut dominer un groupe.

Ce dernier peut faire frémir tout un peuple, rien qu'avec des idées, et ceci qu'elles soient superflues ou autres. Un groupe d'hommes peut terroriser toute une classe d'hommes ou toute une race d'hommes. C'est ça l'essence du racisme.

CHAPITRE 12

CHAPITRE XIII

UN CHÂTIMENT SOCIAL

Dans le chapitre antérieur, je voulais illustrer qu'il n'y a pas de conséquence purgatoires dans la nature. Dans celui-ci, je vais énoncer que le milieu naturel est un champ égal. Tout ce qui est perdu dans la nature est gagné dans celle-ci.

La nature en soi n'est pas un milieu exogène. La nature n'est pas domptable par une entité qui est elle-même domptée dans le milieu naturel. La nature n'est pas malléable au-delà de sa malléabilité. La nature n'est pas extérieure au milieu terrestre. Quoi qu'on puisse dire ou quoiqu'on puisse insinuer, on ne peut pas inférer que l'homme est un extraterrestre sur la terre.

Il n'y a que des occurrences malheureuses ou heureuses dans la nature. C'est ainsi, et ceci indépendamment du point de vue de celui ou celle qui est victimaire d'une action ou d'une omission. C'est la même chose pour celui ou celle qui en bénéficie. Il faut noter que ces occurrences sont souvent homogènes ou semblables à des actions posées antérieurement ou ultérieurement.

Dans le milieu social, toute action est punissable, même quand cette action est une réaction inhérente à une démarche perverse. La vie d'un homme est précaire par rapport aux actions ou aux omissions des autres. L'homme est puni pour être soi-même. C'est pourquoi on dit que l'individu est responsable de ses actions (même si celles-ci sont commises ou omises).

Cette responsabilité, si elle existait vraiment, serait d'abord inexplicable ou même inextricable à la nature de l'individu lui-même. Cette réalité rendrait fragile l'existence de l'homme. Ce dernier se retrouverait dans une crise existentielle.

L'homme chercherait à se retrouver dans le milieu social. Il chercherait à comprendre ses désirs les plus naturels. Il voudrait réconcilier les deux mondes. Néanmoins, ce serait une poursuite chimérique.

L'homme ne parviendrait à être autre que ce qu'il aimerait être. Les hommes se chamailleraient entre eux pour être selon la nature. Toutefois, l'homme ne se laisserait jamais être selon sa nature. N'est-ce pas la réalité de l'homme dans le monde ? Je dirais que oui. C'est pourquoi l'homme est bourré de conflit dans son être.

L'homme doit se défaire de soi-même afin d'être ce dont le milieu social voudrait qu'il soit. La responsabilité de l'homme dans la société est capricieuse et destructrice en nature. Cette dernière est néanmoins éphémère et relative. C'est un rapport de force qui engendre cette responsabilité.

LA RAISON DU PLUS FORT

La responsabilité du plus fort dans le milieu social n'est jamais semblable à celui du plus faible. Les plus faibles ont souvent une responsabilité inéluctable envers les plus forts. Seulement, ces derniers ne répondent qu'à eux-mêmes, sinon à leur Dieu, et ceci s'ils croient en aucun Dieu.

Puisque les hommes se considèrent comme les seuls maitres du milieu social, il n'y a point de recours contre leurs agressions à l'égard de leurs homologues. Il n'y a point de recours contre leurs transgressions de leurs propres lois. Un seul homme (ou un groupe d'hommes) peut jouir d'un statut de souverain contre ses homologues, surtout si ces derniers ne jouissent pas d'une certaine emprise du milieu social. Les hommes sont des rois dans leur monde.

Les hommes sont omnipotents contre eux-mêmes. Il n'y a pas de différence tangible entre leurs actions et leurs omissions contre les plus faibles. Certains sont intouchables ; ils sont invincibles dans le milieu social.

Ces derniers se positionnent souvent comme les bourreaux de leur monde. Ils sont les créateurs et les gardiens du milieu. Ils créent leurs lois. Ils imposent leurs désirs. Ils affligent les victimes ; ils le font souvent sans pitié. Ils infligent ceux-là qui résistent leurs lois. Ils agitent le racisme. Ils sont les illusionnistes de la race humaine.

On ne peut pas parler d'une responsabilité individuelle dans le milieu social, quand celle-ci ne peut pas être perçue ou même conçue d'une manière universelle. S'il existait une responsabilité dans ce milieu, elle serait énigmatique en nature. Elle serait emblématique. Elle ne serait pas une responsabilité pour tous, sinon un devoir pour certains. Ce devoir serait impératif à un point où il deviendrait une nécessité irrécusable. Il serait même inéluctable.

L'individu serait le captif du milieu social. Il serait l'objet du milieu. Ce dernier deviendrait la propriété du milieu. Mais n'est-ce pas la réalité de l'homo sapiens dans le milieu social à présent ? Là encore, je dirais que oui. Blâmer la victime pour ses actions et ses omissions est une démarche malvenue.

UNE RESPONSABILITÉ INFÉRÉE

Toute responsabilité au-delà de la nature de l'homme est inférée. C'est une poursuite en futilité, car l'homme ne peut vraiment se défaire de sa nature. Il ne peut pas le faire sans s'extirper du milieu naturel. N'empêche que l'homo sapiens se considère intouchable dans le milieu naturel. Mais ça, je dirais encore, c'est une obsession qui ne divulgue pas grand-chose à propos de l'homme.

C'est peut-être une maladie. C'est peut-être une conception fausse. C'est une idée fixe ; c'est même irréalisable. C'est une aliénation hors pair.

La nature est une entité à part entière. Elle est indépendante. Elle jouit d'une discrétion inégalable. Au-delà de la nature, il n'y a que la nature.

Tout ce qui n'est pas naturel est artificiel ou c'est esthétique dans son sens le plus rudimentaire. Tout ce qui semble esthétique est au départ un produit d'une discrétion naturelle. Même dans l'artificiel réside le naturel.

La nature est partout. La nature c'est tout. La nature c'est l'être. La nature c'est le néant.

La nature c'est tout ce qui existe. La nature c'est tout ce qui pourrait exister en un moment précis ou à un lieu donné. La nature c'est le début ; c'est la fin. La nature c'est l'existence.

La nature rend tout possible, même quand cela pourrait paraitre impossible, infaisable et même impensable. La nature est au-delà de la compréhension d'un mortel de la trempe d'un homo sapiens. Quand on parle d'une responsabilité chez l'homme, on cherche à dissocier ce dernier de sa nature. Mais toute forme de responsabilité au-delà de la nature est contraire à la nature de l'homme.

Le milieu naturel n'impose aucune forme de responsabilité sur ses créations. Tout au moins, il ne le fait pas au-delà de la nature de l'entité en question. Il est inconcevable dans la nature qu'une *Tortue* soit agile comme un *Lièvre*. Il est inconcevable qu'une personne ait une dextérité similaire à celle d'un *Jaguar* ou d'un *Léopard*.

Sans un mécanisme naturel pour accomplir une tâche, celle-ci ne peut qu'être imposée. Toute responsabilité doit être intrinsèque, pour ne pas dire inhérente (ou naturelle). Toute responsabilité n'émanant pas directement de la nature elle-même est d'abord artificielle.

Si une responsabilité est artificielle dès sa conception, celle-ci est, au départ, induite. Si une responsabilité est induite, elle est au départ coercitif et même de nature purgatoire. Dans le milieu social, toute sorte de responsabilités est artificielles. Tout genre de responsabilité est antithétique à la nature humaine.

Une telle responsabilité est au départ exogène à la réalité de l'homo sapiens. Celle-ci doit être induite ou elle doit être imposée. Elle doit être efforcée et renforcée. Cette responsabilité doit être endoctrinée. Cette responsabilité ne peut pas être inhérente chez l'homme. Celle-ci est plutôt obligeante.

Toute responsabilité induite chez l'homme est d'abord assujettissante. Elle doit inciter l'homo sapiens à la soumission. Elle doit le porter à la subordination absolue. Mais cette responsabilité, pour le réitérer, est éphémère en nature. Celle-ci est brutale. Elle est antihumaine. C'est ça la réalité de l'homo sapiens dans son monde. Dire le contraire c'est de ne pas comprendre le monde de l'homo sapiens.

Si l'homme avait une responsabilité dans la nature, ce serait de trouver les moyens pour survivre au-delà de la chance. Si l'homme avait une responsabilité, ce serait d'œuvrer pour l'immortalité de la race humaine. Si l'homme avait une responsabilité, ce serait d'appréhender sa nature dans la nature. Si ce dernier avait une obligation dans son monde, ce serait d'accepter sa nature propre danse celui-ci. Est-ce le cas vraiment ? Je vous laisse le soin d'interjeter votre propre jugement à cet égard.

CHAPITRE 13

166

Chapitre XIV

CHAPITRE XIV

UNE RESPONSABILITÉ

Dans le milieu social, l'homme est orphelin de père et de mère. Il est errant dans ce milieu. Il n'a pas de passé certain. Il n'a pas de présent tangible. Il vit sans un avenir concevable. Il est dissocié de sa nature, tout au moins, ça, c'est son désir le plus ardent.

En dépit de tout ce que je viens de dénoter, je jaspinerais que la responsabilité de l'homme envers soi-même ou envers les autres dans le milieu social est mal comprise. Cette responsabilité est erronée. Celle-ci est sous-entendue sous deux formes.

Cette responsabilité est d'abord individuelle. Elle est aussi collective.

Évidemment, c'est un illogisme. Une responsabilité ne peut pas être à la fois individuelle et collective. C'est l'une ou l'autre.

Dans le même contexte, cette responsabilité est plus collective qu'individuelle, quand cela fait l'affaire de la collectivité. Cette responsabilité est plus individuelle que collective, quand cela fait l'affaire de la collectivité. C'est le cas même quand cette responsabilité fait l'affaire de certains hommes puissants dans le milieu social. Donc, cette responsabilité n'est nulle part universelle ou même collective.

C'est la raison du plus fort qui prévaut dans le monde des hommes. C'est aussi l'indulgence des plus faibles qui facilite la raison des plus forts. La force d'un homme est relative au niveau de faiblesse d'un autre. Un homme se croit fort quand ce dernier se voit entourer par des hommes qui se croient faibles.

Par surcroît les motifs de l'infamie de l'homo sapiens dans son monde, c'est un état accablant pour beaucoup. Cette réalité contribue à la dilapidation de toute une espèce.

C'est une calamité sans pareil et sans répit. C'est ainsi que le milieu soit artificiel ou autre. C'est la tragédie de la race humaine.

Comment peut-on culpabiliser la victime pour son malheur ? Comment peut-on parler de responsabilité ? Dans la pratique, l'individu n'a aucune responsabilité qui implique des conséquences individuelles. Tout ce que fait l'individu ou tout ce que ce dernier omet de faire n'affecte que ceux-là qui se sentent concernés ou consternés par cette action ou cette omission. Dire le contraire est une manière périmée d'appréhender son monde et celui d'autrui.

UNE RESPONSABILITÉ SUBJECTIVE

La responsabilité individuelle qu'on carillonne souvent doit être perçue sous une lentille subjective. Autrement dit, elle n'est pas réelle. Celle-ci ne pourrait l'être dans aucun sens du mot. Dans l'ensemble, cette responsabilité est subjective. Les actions ou les omissions de l'individu sont punissables seulement quand cela bénéficie la collectivité. C'est ainsi d'une manière ou d'une autre.

Il y a un fait avéré dans le débat. L'individu est soumis aux désidératas de la collectivité. Il est susceptible aux caprices de ceux-là qui contrôlent cette collectivité. L'individu est un subordonné de la collectivité.

Cette collectivité détermine la valeur morale d'une action ou d'une omission. Puisque la collectivité est composée d'individus, on ne peut pas concevoir aucune forme de pureté ou de partialité absolue dans la façon dont celle-ci pourrait percevoir l'individu en soi. La collectivité est basée sur une appréciation subjective de son individualité.

La collectivité reflète une appréciation partiale de l'individualité de ses membres. Ainsi, l'individualité de l'homme est une vue subjective de soi-même. C'est comme si l'homme se regardait dans un miroir et cherchait à nier ses propres failles physiques ou autres.

À travers ce miroir, l'homme nie son apparence. Il nie ses fautes inhérentes. Il minimise (ou il accentue) sa bonté. Il cherche une opinion. Il cherche une manière particulière de voir les choses ou de voir soi-même. Il est en quête d'une perfection qui est à la fois utopique et insoutenable. Il se rejette les fautes pour être soi-même.

À tous les niveaux et dans tous les domaines, l'homme se veut meilleur que soi. Il désavoue sa nature propre. Il s'idéalise. Il se matérialise. Il se subjugue.

Dans la mêlée, l'homme se culpabilise pour être soi-même. Il veut se défaire de sa nature. Il se veut *Superman*. Il se veut Dieu.

Celui qui ne parvient pas à se comporter de la sorte est châtié du milieu. Celui qui ne surpasse pas sa nature est malveillant en soi, dit-on. Puisque ce dernier est responsable de ses actions et omissions, il devient à la fois le bourreau et la victime de ses actions et de ses omissions.

Indépendamment de l'endroit où l'acte a eu lieu ou outre celui qui a commis l'action en question, l'individu est le seul responsable, dit-on. Pour une raison comparable, l'individu doit être puni pour ses transgressions (et ceci que ses forfaits soient réels ou perçus). Le problème c'est que l'individu est souvent puni par le biais de sa violation initiale.

Ne vous parait-il pas illogique que le châtiment pour meurtre ait la mort ? De temps à autre, c'est l'incarcération à perpétuité, tout au moins quand le bourreau est vu et traité différemment. C'est surtout le cas quand le bourreau est perçu ou même conçu sous une lentille sociale, économique ou raciale.

La couleur de la peau d'un homme catégorise son intention. La couleur de la peau d'un homme le rend un privilégié ou un victimaire. Le droit d'être vu et d'être traité comme un homme est relatif.

Ne vous parait-il pas insensé que l'homme soit tué pour avoir tué ? Ne vous parait-il pas déraisonnable que les meurtres qui sont sanctionnés par la collectivité (ou par le milieu social) soient souvent impunis ? Ne vous parait-il pas incohérent que l'homme se châtie pour s'être châtié ? Ne vous parait-il pas irrationnel que la condamnation la plus macabre dans le milieu social ait la privation d'une liberté que l'homme ne jouît même pas, ou du moins pas dans son ensemble ? C'est ça l'absurdisme de l'homme dans le monde.

En dépit de sa conjoncture, l'homme se déifie. Il se comporte comme s'il était une déité. Il se tient à un standard que personne ne peut s'y tenir. Ainsi, l'homme s'assujettit. Il s'immortalise. C'est une bizarrerie inexplicable ou même inextricable !

Pour une raison ou pour une autre, l'homo sapiens moderne se voit exogène à la nature. Toutefois, c'est une vue mensongère. Elle ne pouvait pas être plus énigmatique. Cette approche est antithétique à la nature humaine. C'est l'essence de la réalité de l'homo sapiens dans son monde.

L'INDIVIDU ET LA COLLECTIVITÉ

Discourir qu'il y a une responsabilité individuelle envers la collectivité est une façon erronée, et peut-être malveillante aussi, de voir le monde. C'est une façon apocryphe d'apercevoir la réalité de l'autre. C'est une approche simpliste en ce qui concerne la conjoncture d'être confiné dans un milieu surnaturel, imaginatif, malin, périlleux, restrictif, constrictif, déterministe, peu affable et éphémère.[13]

Par n'importe quelle mesure, la vie en société n'a jamais été aussi simple. L'existence d'un homme n'a jamais été aussi inconséquente pour l'existence des hommes dans un milieu social. Elle ne le sera jamais.

C'est une injure à ceux qui vivent dans la mélancolie, et ceci au-delà de la cause de cet état de déboire. C'est une insolence à ceux qui portent des coups de blessures dans leurs peaux ou dans leur âme. C'est un soufflet au visage de ceux qui sont victimaires du libertinage de ceux-là qui dirigent leur destin dans le milieu social.

C'est une invective à ceux qui souffrent à cause du racisme. Je me sens scandaliser par

---

[13] Je veux dire la société. L'homme se dissocie de sa nature.

ceux-là qui voient mon monde, et celui d'autrui, j'avouerais sans ambigüité, à partir d'une telle optique. C'est un affront indélébile à notre humanité. Pourtant, nous n'avons souvent point de recours contre ceux-là qui nous caricaturent de cette manière horrible et même infâme.

Il s'agit là d'un récit concocté spécialement pour nous faire accepter notre réalité, bien qu'amère ou bien surréelle qu'elle puisse être. C'est un mépris flagrant de la contingence sociale des gens qui vivent dans un état de sous-hommes. C'est un camouflet à beaucoup de gens qui sont forcés à naviguer des moments terribles dans leur monde.

C'est le reflet d'une impéritie cérébrale inadmissible. C'est une incohérence pour saisir la race humaine. C'est une constriction mentale. J'admettrais dans ce texte que c'est aussi un point de vue que beaucoup de gens nourrissent dans leur tête (ou peut-être dans leur âme aussi) à propos du racisme.

Cette vue de la réalité des hommes constitue l'essentialité du racisme. C'est ce qui accentue l'accroissement de ce phénomène. C'est l'essence de la problématique de ce fléau. C'est l'une des causes profondes du racisme dans des endroits où le nativisme est prépondérant.

Il n'y aurait pas de racisme, tout au moins de façon systémique ou d'une manière systématique, si le milieu social n'était pas conçu dans l'intention de vilipender ceux-là que beaucoup considèrent comme des membres inutiles et invalides. Le racisme ne serait point si les hommes étaient conscients de leurs incapacités inhérentes d'être ou de ne pas être dans la nature au-delà de la nature elle-même. Le racisme ne serait point si les hommes avaient compris leur propre nature.

LA NATURE DU RACISME

Le racisme est une façon débauchée de voir son monde. C'est l'incapacité d'accepter sa réalité. C'est un prétexte pour diffuser sa haine de soi envers les autres.

Le racisme c'est un manque de sympathie envers soi-même. Bien que ce laxisme soit volontaire parfois, il est souvent fermenté et même encouragé par le milieu social. Cette magnanimité est parfois psychique ou même psychologique. Une ignorance de soi-même est souvent à la base de toute forme de discrimination que l'un ressent pour l'autre. C'est cela, je dirais sans ambages ici, qu'est l'essence du racisme.

Le refus d'accepter son monde comme il est c'est précisément qui engendre le racisme. Les hommes se voient différents entre soient. Toutefois, c'est une allégorie imaginaire. N'empêche que c'est ce qui contribue à la propagation du racisme dans toute sa splendeur.

Le racisme n'est pas forcément le fait du hasard. Ce n'est pas nécessairement un malheur tombé du ciel. Pour comprendre le racisme, il faut d'abord saisir l'essence de l'environnement social. Il faut appréhender les circonstances sociales qui bouillonnent l'avènement de ce fléau.

En somme, le racisme est un phénomène naturel. C'est comme ça dans la mesure où le milieu social le facilite. Le racisme ne serait point s'il n'y avait personne pour le matérialiser. Le racisme ne serait point s'il n'y avait personne pour l'éprouver.

Le racisme est une affaire d'homme. Ces hommes doivent être des reclus dans un milieu quelconque. C'est la façon la plus simpliste pour succomber à cet état de fait.

UNE IGNORANCE
INCOMPRÉHENSIBLE

CHAPITRE XV

CHAPITRE XV

C'EST DE L'IGNORANCE

DIRE QU'UNE PERSONNE doit être responsable de sa réalité dans un milieu qu'elle n'avait pas elle-même construit ou même conçu est une façon erronée de voir la réalité de cette dernière. Cette vue des circonstances de l'autre est une représentation calomnieuse du chagrin et de la misère que beaucoup de gens ont eue à supporter en raison des actions ou des omissions portées par des individus qui se trouvent dans des positions clés pour assainir l'existence de ceux-là qu'ils ne considèrent pas des hommes en chair et en os, et ceci tout comme ils sont. C'est une insulte à ceux qui sont victimaires des actions posées par d'autres dans l'intention de conserver l'amour de soi.

C'est une approche primitive de la réalité de l'homme dans un milieu engendré par la peur et la haine. C'est une vue controuvée d'un milieu embrayé par le contrôle inouï de l'homo sapiens contre son homologue. C'est une vue surannée de la réalité de l'homme dans la nature. C'est une approche désorientée de la réalité de l'homme dans le milieu social.

C'est une façon rétrogradée de déceler l'emprise du milieu social sur l'homme. C'est une compréhension factice de la réalité de l'homme dans le monde. C'est une prise de vue controuvée d'une réalité patente.

Rendre l'homme responsable de ses déboires tandis qu'il est aussi une victime de son malheur est une insulte au-delà de la réalité de ce dernier dans son milieu chaotique et souvent suborné par son incapacité de s'en défaire. C'est peut-être dans le but de mitonner la haine d'autrui pour une raison ou une autre. Comme il arrive, c'est ce qu'est le racisme.

UNE APPROCHE MALADROITE

Je concède sans détour que mon approche pour examiner le racisme est peut-être maladroite. J'admettrais aussi que c'est peut-être la façon la plus grossière d'appréhender le mot et ceci dans son sens le plus littéral. N'empêche que le racisme, je dégoiserais sans duperie dans ce cas, c'est l'amour de soi au détriment de l'amour de l'autre.

Fabuler que l'autre doit être responsable de ses désillusions et ses déceptions dans un monde qu'il n'a aucun contrôle n'est qu'une moquerie. Conférer que l'autre est la cause de son malheur est une offense. C'est une fantaisie qui n'a point de valeur édifiante.

Il est néanmoins probable que je sois sur la mauvaise voie. Nonobstant, je prétendrais sans relâche que mon approche analytique ici est la façon la plus simpliste pour appréhender le sujet. C'est peut-être une façon vacillante de répondre à ceux qui préconisent le racisme à partir d'une telle lentille. Il n'y a pas de moyen de dire à ceux-là qui conçoivent le racisme comme un problème individuel qu'ils sont sur une mauvaise voie.

PAS D'AUTRES CHOIX

Il n'y a pas moyen de dénoncer ceux-là qui tendent à rejeter les fautes aux victimes pour leurs propres mésaventures. Il n'y a pas moyen de dire à ceux-là qui glorifient les bourreaux tout en calomniant les victimes qu'ils sont aux mauvais côtés de l'histoire de la race humaine. Il n'y a pas moyen de dénoncer les incultes et les inconsidérés.

De manière indiscutable, il n'y a pas moyen de les convaincre autrement. Ces gens-là sont bornés. Ils sont déterminés. Ils sont entêtés. Ils sont souvent perdus dans leur propre arrogance. À cause de leur indulgence, le racisme fait rage dans le milieu social.

On dit que l'homme est le seul à blâmer pour ses maux. Mais je rejette vivement une telle vue de la réalité de l'homme dans le monde des hommes. Il n'y a qu'une seule façon de décrire ceux-là qui voient le monde d'autrui à partir d'une telle éphélide. Ce mot, même si c'est aussi un cliché si j'ose l'admettre ici, c'est « *l'ignorance* » de soi.

Pour être clair, j'utilise ce mot dans son sens le plus terre à terre. Mais je l'utilise dans un contexte peu flatteur. Je l'utilise certainement dans le sens le plus péjoratif. Je ne voudrais pas être un majestueux. Bien sûr, j'utilise ce mot de la manière la plus snob.

CHAPITRE 15

CHAPITRE XVI

CHAPTER XVI

SES RESPONSABILITÉS

SI VOUS ME DEMANDIEZ comment comprendre mes responsabilités dans le monde, je ne saurais quoi vous répondre. Si vous me demandiez comment impartir une responsabilité dans un monde qui ne nous est pas dû, je ne saurais quoi vous dire. Si vous me demandiez comment aspirer à la voute de la pureté quand nous ne sommes pas parfaits, franchement, je ne saurais toujours pas quoi vous répondre.

Je vous dirais tout de même que je prends mes responsabilités dans cet ouvrage. Pour le dire sans équivoque, je suis le seul responsable de mes paroles dans les écrits inscrits ici. Sans vous insulter dans mes propos, je vais être un tout petit peu brulant dans les mots que je vais parapher dans les prochains paragraphes.

PRENDRE MES RESPONSABILITÉS

Je m'arroge le droit pour vous appeler un inculte s'il vous arrive de prendre le plaisir de glorifier le racisme. Je prends mes responsabilités pour vous acculer de manière explicite si vous fermentez le racisme sous quelques formes que ce soi. Je prends mes responsabilités pour vous indexer comme un pauvre minable si vous prenez le plaisir de vilipender les autres à cause de la couleur de leur peau.

Je prends mes responsabilités pour vous pointer du doigt comme un délateur pitoyable si vous injuriez les autres à cause de leur pays d'origine. Je prends mes responsabilités pour vous clamer comme un ignorant si vous salissez les autres à cause de leur genre (Masculin, féminin ou autres). Je prends mes responsabilités pour vous bramer comme un dégénéré si vous ricanez les autres à cause de leur appartenance sexuelle ou religieuse.

Je prends mes responsabilités pour vous afficher comme un agitateur social si le malheur des autres vous arrange. Je prends mes responsabilités pour vous désindexer de manière ignominieuse si vous êtes un ignoble. Je prends mes responsabilités de vous dénoncer si vous vous croyez mieux placer pour fustiger les autres à cause de leur incapacité de faire face à leurs maux dans leur milieu social.

Je prends mes responsabilités de vous appeler un obscurantiste si vous avez tendance à voir le monde d'autrui sur un point de vue archaïque. Je prends mes responsabilités de vous décrire comme une personne peu sophistiquée si vous jugez les autres à partir d'une lentille étroite ou d'un d'esprit vil et servile. Je prends mes responsabilités de vous chahuter comme un *ignorant* de grand calibre si vous refusez de reconnaitre que la réalité humaine n'est pas toujours tribale.

Vous êtes, à mon estime, un ignorant à l'ordre le plus élevé, si vous vous adonnez à mépriser les *autres* parce qu'ils sont des *autres*. Vous n'avez aucune idée de ce que vous dites de l'autre. Vous n'avez aucune idée du monde où vous évoluez. Je vous encourage à garder votre frugalité concernant la souffrance de l'autre à vous-même, car vous n'êtes d'aucune aide.

Si vous pouviez comprendre votre monde ou si vous pouviez déceler votre réalité sociale, vous seriez probablement en mesure d'avoir une perspective beaucoup plus amphigourique sur la souffrance de l'autre. Vous seriez capable de déceler, j'exclamerais sans coquin ou sans réserve, qu'un homme ne peut poser aucune action et ne peut omettre aucun acte sans aucune conséquence dans le monde des hommes. Notre destin dans le milieu social est entremêlé quoiqu'on dise ou quoiqu'on fasse.

LA FERMENTATION DU RACISME

Dans un sens, j'accepterais l'argumentation que l'homo sapiens a une responsabilité. En quelque sorte, ce dernier joue un rôle dans son malheur. Ce rôle, j'argumenterais aussi, est émané du fait que l'homme évolue dans un milieu contrôlé. Vraiment, il s'y est abdiqué. Néanmoins, avait-il vraiment un choix ? Je ne saurais quoi vous répliquer.

Il est vrai que l'homme a un penchant pour la haine et le dédain. Il nourrit aussi une inclination vers la bienfaisance. Pendant toute son existence, l'homo sapiens est mitigé dans son monde. Il voudrait se défaire de sa nature. Toutefois, celle-ci ne veut pas se laisser faire.

L'homme est empêtré dans son être. Il est cloitré dans sa nature. Il est condamné à croupir devant la nature. Il est un esclave de sa nature.

Le racisme, je rétorquerais, est le symptôme d'une maladie incurable chez l'homme. Cette maladie reflète notre incapacité de faire face à notre nature propre. Pour une raison ou une autre, nous avons tendance à nous vilipender. Nous avons tendance à nous bramer. Nous avons tendance à nous déshumaniser.

Aussi longtemps que nous (je veux dire les êtres humains), vivons dans un arrangement social, tout ce que nous faisons, ou quoi que ce soit que nous omettons de faire est (et le sera toujours) en fonction de l'environnement lui-même. Autrement dit, nous sommes ce que la société a fait de nous. Nous ne pouvons pas être autres choses à par ceux dont nous sommes destinés à devenir sur le plan social.

D'un autre côté, je dirais qu'il n'y a pas de responsabilités inhérentes chez l'homme. Blâmer la victime pour ses malheurs est une injure de plus à ses déboires. Fustiger la victime est une façon de plus de solidifier l'impartialité de la réalité de l'homme dans le monde des hommes. Pour moi, c'est ça l'essence du racisme.

L'homme se crucifie pour être soi-même. Il se bannit pour être soi-même. Il se déshumanise pour se défaire de sa propre humanité. Dans l'entremise, il minimise l'humanité des autres. C'est cette réalité qui permet au racisme de prendre racine dans le monde des hommes.

L'HOMME ET LE RACISME

Le terme racisme représente un sentiment de dédain dans son sens le plus pratique. C'est le reflet d'un dégout que l'homo sapiens nourrit dans sa tête envers soi-même. Nonobstant, l'homme ne peut pas s'induire en erreur à moins qu'il s'apprivoise.

L'homme doit d'abord s'efforcer à se détester. Pour arriver à ce stade, il doit créer les mécanismes pour se subjuguer. Le milieu social rend tout possible. C'est ça la tragédie de l'homo sapiens dans son monde.

Cette réalité permet au racisme, de devenir un fait inévitable pour certains hommes dans le milieu social. C'est la nature de la tragédie humaine. C'est ça l'origine même de l'absurdisme de l'homme dans son monde.

Le racisme ne serait point si l'homme était imbu de sa réalité dans le monde. Le racisme ne serait point si l'homme avait compris sa nature dans la nature. Le racisme ne serait point si l'homme se valorisait à un point où la valeur[14] d'un homme reflétait celle de tous les hommes.

Le racisme ne serait point si l'homme reconnaissait que les imperfections d'un seul homme ne peuvent être similaires à celles de tous les hommes. Si l'homme reconnaissait le racisme dans toute sa splendeur et dans toute sa méchanceté, il saurait comment l'éviter. Si l'homme se voyait comme un raciste, il saurait comment alléger la douleur causée par ce fléau dans le cœur de ceux qui en ont été victimes.

---

[14] Peut-être ses défauts aussi.

DERNIERS MOTS

CONCLUSION

MON BUT EN RÉDIGEANT ce livre était de chercher à comprendre le racisme chez l'homme. Pour accomplir cette tâche, j'ai voulu dénué le macrocosme du phénomène. Toutefois, je ne suis pas sûr à avoir atteint mon objectif. Certains pourraient dire que ce livre est une défaillance intellectuelle. Bien sûr, je ne rejetterais pas un tel point de vue.

Je reconnais qu'il est probable que je n'aie pas pu dénouer l'essence du racisme dans cette diatribe. Ce phénomène ne puisse être tout à fait palpable. Le racisme n'est pas tangible dans le sens qu'on pourrait le sortir de quelque part et de le montrer à quelqu'un d'autre. Une approche objective à propos du racisme est quasiment impossible.

Pourtant, le racisme est toujours là. Il fait rage dans le monde. Il est un fait indéniable dans certains milieux. Le racisme est une malédiction pour la race humaine.

Comme illustrer antérieurement, les gens ont souvent tendance à renier l'existence du racisme. Toutefois, ce fléau a des répercussions tangibles. Le racisme est toujours réel. Le nier tout simplement ne changerait rien.

Le racisme est sans ambigus pour ceux-là qui l'ont éprouvé. Autrement dit, le racisme est un fait immanquable et même inescomptable pour celui qui continue de l'expérimenter, et ceci que ce soit régulièrement ou dans de contextes particuliers.

Pour certains, le racisme fait partie de leur quotidien. C'est une réalité incontournable. Celui qui a expérimenté cette réalité ne saurait nier ces effets.

Le racisme pourrait devenir une partie inhérente de l'être de sa victime. Les méfaits du racisme pourraient devenir une partie immanente de celui qui a expérimenté cette réalité, et ceci d'une façon quotidienne. Ce qui veut dire que le racisme pourrait devenir une partie de l'âme brisée de la personne qui est victimaire de ces méfaits.

Dans la plus hypothétique des cas, la victime n'a ni le premier ni le dernier mot, dans ses maux. Elle n'a ni le courage d'accepter sa réalité ni la véhémence de s'y opposer. La victime vit dans un état de déboire continuel.

UN MONDE RACISTE

Dans certains milieux, le racisme pourrait devenir le seul monde autour de ceux-là qui s'y habituent. Le racisme pourrait devenir la réalité de ceux-là qui l'ont accepté en tant que tel. Le racisme pourrait assombrir le monde de soi et le monde autour de soi. Je dois vous mettre en garde avant de terminer cet ouvrage.

Il est indéniable que le racisme est un phénomène élusif. Comme concept, le racisme est indéchiffrable. Dans l'ensemble, ce qui constitue cet épiphénomène ne fait pas l'unanimité. Cette réalité encourage le racisme à plein temps. Ça, c'est une tragédie incontournable pour la race humaine.

On ne peut pas se défaire de sa subjectivité à propos du sujet. On a tous un point de vue assez personnel sur ce qu'est le racisme. En ce sens, je ne crois pas que ce livre ait pu apporter une conception universelle dans le débat. Je ne m'attends pas à ce que vous partagiez mon point de vue dans ce livret.

Le racisme est moins palpable lorsqu'on en devise en passant ou lorsqu'on en discute d'une manière indéfinie. Quand on parle du racisme sans vraiment en parler, on contribue à la banalisation du problème. Cela donne un piédestal aux gens à propension raciste pour se défendre de ce qu'ils ont tendance à teindre comme de la diffamation. Dans des cas pareils, les victimes n'ont guère d'alternative que de se taire.

Comme déjà mentionné, je suis une victime du racisme. Je suis un *Noir*. Je vis dans un milieu où le *Noir* est maudit. Mais je n'ai nulle part où aller. Je suis devenu une bête sauvage qu'il faut exterminer. Je n'ai pas de recours contre leur infamie.

Je me retrouve dans une situation ou je n'ai point de recours contre ceux-là qui m'ont rendu victimaire. Toutefois, je ne peux pas changer ma réalité. À l'instar des autres victimes du même genre, ma seule alternative c'est de me taire. Et alors, je ne peux pas me taire. Je ne veux surtout pas me taire dans de telles circonstances. Le racisme me pourchasse à un point où je dois hurler comme un âne qui trébuche sous les coups de fouet d'un maitre incrédule et sans pitié. Mais je suis fatigué.

Le racisme est un état d'être que personne ne peut augurer sans y avoir vécu soi-même. On doit expérimenter le racisme dans les coins les plus profonds de son être pour pouvoir déceler ce phénomène. Je voulais vous parler un tout petit peu du racisme dans le sens pratique, car je l'ai vécu dans mon âme. Dans cette diatribe, toutefois, j'ai opté pour un libellé théorique.

RÉFLÉCHISSONS ENSEMBLE

Les questions qui sont de mises maintenant incluent les suivantes : avez-vous une meilleure idée de ce qu'est le racisme ? N'êtes-vous pas un raciste ? Si c'était le cas, à quel point vous vous culpabiliseriez pour vos actions et vos omissions ?

Accepteriez-vous l'idée que l'individu soit le seul responsable de ses maux ? Si c'était vrai, à quel point accepteriez-vous que l'individu soit le seul responsable de ses vicissitudes et de celles d'autrui ? Dans un tel scénario, accepteriez-vous aussi que l'individu n'ait guère d'alternative que de se taire ?

S'il vous arrivait de voir le monde de l'homo sapiens sous une telle lentille, serait-il de mise de dire que vous vous châtieriez vous-même ? Serait-il de mise de dire que vous vous blâmeriez pour les actions est les omissions d'autrui ? Dans ce cas, quel serait le rôle d'une société ?

Pourquoi un homme devrait-il évoluer dans un milieu restrictif (comme la société) quand il doit être responsable de tous, sauf soi-même ? Quel serait le but d'une convention, d'un protocole ou d'un accord quand il n'y a aucune forme d'indemnisation pour les victimes ? Qu'elle serait l'essence de tout contrat social, que celui-ci soit pris personnellement ou qu'il soit sanctionné indirectement, pour vivre dans la convivialité, quand la collectivité a le droit de se défaire du droit fondamental et même naturel de tout un chacun ?

Quel serait le rôle du bon Dieu dans la réalité de l'homo sapiens ? Quelle influence les notions moralistes auraient sur la défaite de l'homme dans le milieu social ? Quel remède pourrions-nous considérer pour alléger les maux de ceux-là qui souffrent à cause du racisme ?

Une fois de plus, je vous laisse le soin de méditer sur ces questions à votre loisir. Je vous encourage tout de même à être franc dans votre approche. Je vous demande à être conscient de vos privilèges et de vos désavantages pendant votre introspection, et ceci indépendamment de votre statut dans l'échelon social. Je vous encourage à être très critique à l'égard de vous-même avant d'aborder ces questions. Je vous demande de l'être indépendamment de la couleur de votre peau dans le milieu là où vous évoluez.

UNE VUE SUBJECTIVE

J'admets qu'il n'y a pas de mot concordant pour éclaircir toutes les questions posées antérieurement dans ce texte. Il n'y a pas moyen d'examiner ces questions avec impartialité. Il n'y a pas moyen de considérer les ramifications sociales et psychologiques de ces questions. Il n'y a pas moyen d'explorer ces énigmes en profondeur.

L'une des causes qui pourraient expliquer cette conjecture c'est qu'on ne peut pas se défaire de sa subjectivité dans ce domaine. Le racisme c'est un sujet controuvé. On n'est pas toujours d'accord sur ce qui constitue un comportement raciste. C'est pourquoi il nous convient souvent de blâmer la victime.

L'HOMME ET LE RACISME

Le racisme est un fait malencontreux. Il a deux volets. Il y a le racisme individuel. Il y a aussi le racisme collectif.

Le racisme individuel est inhérent chez l'homme. On ne pourrait jamais s'en défaire. Le racisme collectif, par contre, est réparable. C'est le cas tout au moins à un certain niveau.

Pour mitiger ce problème, le milieu social devrait créer des mécanismes qui pourraient faire déroute à ceux qui ont un penchant raciste. Ces mécanismes devraient tenir compte que le racisme est d'abord un comportement.

Même quand une telle attitude est souvent fardée, on doit tenir compte que le racisme est une menace pour la paix sociale. Le racisme est un défi pour la convivialité. C'est une complication pour l'harmonie entre les peuples.

On doit reconnaitre que le racisme est un danger mortel. Le racisme blesse et parfois tue. Cette défaite est souvent sociale en nature. On doit reconnaitre aussi que le racisme est un crime contre l'humanité. Toute action discriminatoire doit être sanctionnée au départ.

J'avoue que les idées énoncées auparavant sont un peu surréalistes. Le racisme est beaucoup plus complexe que la façon dont je viens de l'articuler. Il faut comprendre que ce fléau est réel. Beaucoup de gens en soufre quotidiennement. Mais on ne peut pas rester les bras croisés face à la montée du racisme.

Ceci étant dit, il faut d'abord comprendre ce qu'est ce phénomène pour pouvoir l'identifier. Il faut dématérialiser les conduites qui dénotent le racisme. Il faut toujours dénoncer le racisme.

Ce livre n'est pas une référence adéquate pour vous aider à déchiffrer le concept. J'ose espérer que ce titre vous sera assez *illuminant* comme ça. Mais si vous vous sentez toujours embrouillé par ce qu'est le racisme, même après avoir lu ce texte, je vous exhorte de voir mes autres travaux dans la matière.

À PROPOS DE L'AUTEUR

BEN WOOD JOHNSON, PH.D.
Le Dr Johnson est un observateur social. Il est un chercheur multidisciplinaire. Il écrit sur la philosophie, la théorie juridique, la politique publique et étrangère, l'éducation, la politique, l'éthique, les affaires de race et le crime.

Le Dr Johnson est diplômé de l'Université de Pennsylvanie et de l'Université de Villanova. Il est titulaire d'un doctorat en leadeurship éducatif, d'une maitrise en science politique, d'une maitrise en administration publique et d'un baccalauréat en justice pénale.

Le Dr Johnson a travaillé comme agent de police et dans d'autres aspects dans le domaine du maintien de l'ordre. Il est un ancien élève du Collège John Jay de justice pénale.

Le Dr Johnson parle couramment plusieurs langues, y compris, mais sans s'y limiter, le français, l'espagnol, le portugais et l'italien. Le Dr Johnson aime aussi la lecture, la poésie, la peinture et la musique. Vous pouvez contacter le Dr Johnson en utilisant les informations suivantes.

AUTRE INFO

L'auteur et l'éditeur de cet ouvrage sont disponibles au cas où vous aimeriez les contacter. Vous pouvez utiliser les informations présentées ci-dessous pour contacter l'auteur et l'éditeur.

ADRESSE

Boite Postale/Postale Info :

330 W. Main St, Unit 214

Middletown, PA 17057-1055

COURRIEL INFO

Vous pouvez aussi contacter l'auteur et l'éditeur sur courrier électronique.

Courriel Adresse : benwoodpost@gmail.com

RÉSEAUX SOCIAUX

Pour savoir plus sur l'auteur, vous pouvez visiter ses profils sur les réseaux sociaux. Pour savoir plus sur ses travaux, accédez aux plateformes de médias sociaux suivantes.

Twitter : @benwoodpost

Facebook : @benwoodpost

Blog : www.benwoodpost.org

SITE WEB OFFICIEL

Le web site officiel de l'auteur est :

www.drbenwoodjohnson.com

Vous pouvez aussi consulter le site suivant :

www.benwoodjohnson.com

AUTRES PUBLICATIONS

Autres livres par Ben Wood Johnson

1. Racism: What is it?
2. Sartrean Ethics: A Defense of Jean-Paul Sartre as a Moral Philosopher
3. Jean-Paul Sartre and Morality: A Legacy Under Attack
4. Sartre Lives On
5. Forced Out of Vietnam: A Policy Analysis of the Fall of Saigon
6. Natural Law: Morality and Obedience
7. Cogito Ergo Philosophus

8. Le Racisme et le Socialisme : La Discrimination Raciale dans un Milieu Capitaliste

9. International Law: The Rise of Russia as a Global Threat

10. Citizen Obedience: The Nature of Legal Obligation

11. Jean-Jacques Rousseau: A Collection of Short Essays

12. Être Noir : Quel Malheur

13. Pennsylvania Inspired Leadership : A Roadmap for American Educators

14. Adult Education in America: A Policy Assessment of Adult Learning

15. Striving to Survive: The Human Migration Story

16. Postcolonial Africa: Three Comparative Essays about the African State

TESKO PUBLISHING

Vous pouvez trouver d'autres travaux par le Dr Ben Wood Johnson en visitant son blog.

MY EDUKA SOLUTIONS

BEN WOOD POST

www.benwoodpost.com

TESKO PUBLISHING

TESKO PUBLISHING
An independent publishing house

www.teskopublishing.com

AUTRES PUBLICATIONS

INDICE

Énigme, 7, 128
Énigmes, 210
Énormité, 113
Enseveli, 37
Entêté, 148
Entêtés, 188
Entouré, 50
Entrailles, 28, 50
Envahissante, 10
Environnement, 4, 10,
    12, 43, 63, 98, 109,
    124, 135, 179, 198
Épanouissement, 10, 22,
    49, 102
Éphélide, 188
Éphémère, 65, 83, 128,
    159, 165, 176
Épiderme, 12
Éprouve, 39, 82, 122, 180
Équivoque, 20, 75, 89,
    193
Errant, 75, 169
Erroné, 13, 71, 135, 169,
    175, 185
Esclave, 64, 122, 197
Espèce, 10–11, 38, 97, 170
Esthétique, 163
Étendard, 46, 110
Éternelle, 51
Ethnique, 11, 13, 23
Éveillé, 44
Exhaustif, 14

Existentielle, 46, 159
Exogène, 37, 75, 85, 157,
    164, 175
Expressions-bibliques,
    121
Extraterrestre, 63, 66,
    111, 158

Faculté, 65
Faible, 99, 160–61, 170
Faiblesse, 123, 170
Famélique, 151
Famille, 59
Fantaisie, 187
Farce, 61
Fatal, 25
Fataliste, 125
Fatidique, 27, 35, 107
Fausseté, 35
Fautif, 87
Féérique, 66
Féminin (Voir aussi :
    Masculin)
Fermente, 9, 22, 24, 194
Féroce, 127
Fibres, 103, 123, 151
Fictif, 43
Fictive, 4, 51, 83
Fléau, 2, 8–10, 13, 23–24,
    129, 178–79, 200, 204,
    212

ISBN-13 : 978-1-948600-04-0
ISBN-10 : 1-948600-04-8
Première publication imprimée en juillet 2018

Imprimé aux États-Unis

Traduit/édité par Ben Wood Johnson

Réviser en mai 2020